FREIE REDE

THOMAS LÖSCH

FREIE REDE

DAS Praxisbuch

BUCH
SCHMIEDE

Herausgeber:
Thomas Lösch
Schloss Stainach 7
8950 Stainach-Pürgg, Österreich
rhetorik-trainer.com

Projektbegleitung: Mag. Tina Tritscher, explosiv-kreativ.at
Layout: Robert Deli, drugra.at
Lektor: Mag. Josef Dilena, Stainach-Pürgg
Titelbilder: Birgit Steinberger, photoinstyle.at

Verlag: Buchschmiede von Dataform Media GmbH, Wien
www.buchschmiede.at
ISBN: 978-3-99110-874-0 (Hardcover)
ISBN: 978-3-99110-873-3 (Paperback)
ISBN: 978-3-99110-875-7 (e-Book)

PRINTED IN AUSTRIA

Gesetzt aus Palatino Linotype, Cera Compact Pro

INHALT

VORWORT

Bereits in meiner Jugend stellte ich mir die Frage, weshalb sich beim Programmpunkt »Ansprachen« die Begeisterung des Publikums sehr in Grenzen hält. Dabei verstehen die, die auftreten, ihr Fach, bringen eine gewisse Bühnenerfahrung mit und meinen es mit uns Gästen grundsätzlich gut. Trotzdem – große Freude kommt selten auf. Hand aufs Herz. Wir alle kennen die Gründe dafür: Phrasendrescherei, wenig Konkretes und vor allem kein Ende. Das sind drei Klassiker. Ich werde in diesem Buch praktische Beispiele liefern, in denen wir uns und andere wiederfinden werden und auch mich selbst aufs Korn nehmen. Im Mittelpunkt stehen, wie der Titel des Buches schon verrät, die FREIE REDE, die Praxis dazu und alle Leserinnen und Leser, die sich für dieses Buch entschieden haben. Ich habe bewusst keinen x-ten Ratgeber zur Kunst des Redens geschrieben. Antworten werde ich zum Teil in Form von kurzen Geschichten aus dem Alltag geben, verbunden mit Werkzeugen, die wir alle leicht verstehen und gut einsetzen können. »So einfach kann Rhetorik sein!« Dieses Resümee ist mein Ziel.

»Wie bist du zur Rhetorik gekommen?« Diese Frage bekomme ich sehr oft gestellt und ich beantworte sie immer mit den Worten: »Durch den Musikverein Stainach.« Im Alter von 26 Jahren wurde ich zum Obmann gewählt. Meine Ziele waren, bei allen Redeauftritten die Nervosität gut im Griff zu haben und dass sich die 50 Musikerinnen und Musiker hinter mir auf der Bühne nicht schämen müssen, mit dem, was ich vorne am Rednerpult von mir gab. Der Plan, daraus einen Beruf zu machen, entstand erst viel später, rund um den Jahrtausendwechsel. In dieser Zeit war ich bereits Geschäftsleiter eines Import- und Vertriebsunternehmens in Schwechat. Als »Berufs-Wiener« nützte ich die Gelegenheit, in der Bundeshauptstadt wichtige Ausbildungsabschnitte zu absolvieren. So kam es auch, dass ich bei einem Wiener Beratungsunternehmen eine Trainerlaufbahn einschlagen hätte können. Ich lehnte dieses Angebot jedoch dankend ab.

Meine heutige Ehefrau Manuela und ich entschieden 2002 übereinstimmend: »Daraus machen wir selbst etwas – als Unternehmer!« Manuela spielt in meinem Leben – privat und beruflich – eine sehr wichtige Rolle. Wir haben uns Seite an Seite auf den Weg gemacht und halten fest zusammen, egal, ob es bergauf oder bergab geht. Wir tragen gemeinsam die Verantwortung für unser Familienunternehmen. Die Rollen im operativen Geschäft sind bestens aufgeteilt. Manuela ist für den Bereich Büro und Organisation zuständig, sie schaukelt auch sonst (fast alles) im Hause Lösch, während ich als Rhetoriktrainer, Berater und Wirtschaftsmediator in Österreich und Deutschland im Einsatz bin.

Beruflich durfte ich schon sehr früh Führungsverantwortung tragen. Ich war gerade 22 – hatte ausbildungsbedingt verspätet meinen Präsenzdienst absolviert – als ich bei einem führenden Leitbetrieb im Ennstal, der

Landmarkt KG, die Standortleitung des Technikcenters (erst Admont, später Aigen) übernehmen durfte. Das Reden war für mich bereits damals eine gewisse Passion. Bei Weihnachtsfeiern oder besonderen Geburtstagen stand ich gerne auf und sprach zu den Kolleginnen und Kollegen. Meine Auftritte waren mehr oder weniger gut, keinesfalls ragte ich als Ausnahmetalent hervor. Stichwort Talent: Meine Referate waren zuvor am Gymnasium oder in meiner Lehrzeit bestenfalls Mittelmaß. Womit wir schon beim Thema sind!

Wenn wir gute Redeauftritte anderer erleben, so beurteilen wir meist das Gesamtpaket. Welches Maß an Begabung, Fleiß und Routine dahintersteckt, entzieht sich unserer Kenntnis. Häufig höre ich Leute sagen: »Dieses Redetalent müsste man haben.« Seit fast 20 Jahren überzeuge ich Menschen, die mir durch ihre Teilnahme an unseren Seminaren die Chance dazu geben, dass wir Rhetorik wie ein Handwerk lernen können. Selbstverständlich ist eine höhere Begabung hilfreich dabei, das steht außer Zweifel. Wie beim Sport, der Musik, dem Gesang oder einem Beruf ebenso. Einen Startvorteil haben jene, die von Haus aus gerne und gut schreiben oder besonders redegewandt sind. Ich treffe täglich Menschen, die viel Zeit in die Vorbereitung von Auftritten investieren und dadurch erfolgreich vorwärtskommen. In Verbindung mit gewonnener Erfahrung ist Fleiß auf jeden Fall ein wesentlicher Bestandteil einer kontinuierlichen Entwicklung auf dem Weg zum rhetorischen Erfolg. Wie die Praxis häufig zeigt, ist bloße Routine alleine zu wenig, um richtig gut zu sein. So verlassen sich viele Rednerinnen und Redner zu sehr auf ihre jahrelange Erfahrung, vernachlässigen dabei gründliche Recherche oder die Gesamtvorbereitung, werden schwammig und bleiben deshalb höchstens Mittelmaß.

»Ich habe doch keine Zeit, mich stundenlang vorzubereiten« bedauern viele Persönlichkeiten aus Wirtschaft, Politik oder dem privaten Bereich. Auch deshalb ist dieses Praxisbuch der FREIEN REDE entstanden. Es zeigt Herangehensweisen und Instrumente, die uns die Vorbereitung erleichtern, effizienter werden lassen und die Wirkung unserer Rede immens verstärken. Viele lesen Texte monoton vom Manuskript ab, lernen Reden auswendig oder vergessen wichtige Punkte, da sie frei und ohne »Zettel« auftreten wollen. Sie ärgern sich über die vertane Chance.

Dieses Buch hält uns einen Spiegel vor, der uns zeigt, wo wir gut sind und was wir bereits beherrschen. Stärken zu erkennen ist wichtig, jedoch gehört noch mehr dazu, denn schließlich wollen wir Konkretes aussagen und mit unseren Worten etwas bewegen.

Als ich im März 2020 einem vertrauten Kreis offenbarte, dass ich mein erstes Werk schreiben werde, tat ich das stets in der Diktion, ein »lässiges Rhetorikbuch« auf den Markt zu bringen. Wie in allen Seminaren, so verfolge ich auch in diesem Buch einen leicht verständlichen, praxistauglichen Weg. Dieses Praxisbuch ist für Einsteiger gleichermaßen geeignet wie für erfahrene Rednerinnen und Redner. Große Säulen bilden die Basis, die Inhalte sind in verständliche Portionen gegliedert und lassen sich gut lesen. Zentral sind die Praxisbeispiele (in denen wir uns zum Teil selbst finden werden) verbunden mit konkreten Lösungen, Instrumenten und Werkzeugen der Rhetorik. Diese sollen leicht verständlich und vor allem ebenso einfach in der jeweiligen Situation einsetzbar sein.

In den Seminaren frage ich die Teilnehmerinnen und Teilnehmer stets, ob es für sie in Ordnung ist, wenn wir respektvoll »Du« zueinander sagen. »Ja, ihr Ennstaler«, erwidern dann einige, »ihr könnt ja gar nicht anders«. So bitte ich nun alle Leserinnen und Leser um das respektvolle Du-Wort. Ich bin Thomas!

Bei allen Auftritten ist mir das geschlechtergerechte Formulieren ein Bedürfnis und gleichzeitig eine Selbstverständlichkeit. Wer mich bereits live erlebt hat, weiß, dass ich darauf großen Wert lege. Einfach so zu tun, als würde man alle meinen, ohne das in der Rede hörbar zu machen, ist mir zu wenig. Für den folgenden Buchtext ersuche ich jedoch um Verständnis, dass dieser aus dem mir wichtigen Grund des Leseflusses in männlicher Form verfasst wurde.

»Welchen Nutzen bringe ich DIR?«

Diese Frage stelle ich mir vor jedem Auftritt. Auch vor dem ersten Strich zu diesem Buch habe ich darüber nachgedacht. Jeder Redner sollte sich damit beschäftigen: »Was hat mein Publikum davon, mir zuzuhören?« Mein Ziel ist, dich für Rhetorik zu begeistern. Gemeinsam werden wir erkennen, wie einfach es ist, ein erfolgreicher Redner zu werden. Dabei zeige ich dir Wege, wie Auftritte noch wirkungsvoller und richtig lässig werden. Auf diesem Pfad begleite ich dich, reiche dir das Handwerkszeug dafür und erheitere dich durch meine eigenen Hoppalas. Vielleicht verändert sich durch dieses Buch deine Sichtweise auf dieses gefürchtete Thema. Legen wir diese Berührungsängste ab und gehen wir es ganz locker an. So ist auch mein erstes Buch aufgebaut, von dem ich hoffe, dass es deine Erwartungen bei Weitem übertrifft.

DER KICK FÜR UNSER SELBSTBEWUSSTSEIN

Wir bewundern andere Menschen, die auf großen Bühnen stehen, souverän, charismatisch und sich mit viel Selbstbewusstsein präsentieren. »Das wäre nichts für mich«, sagen manche und machen sich kleiner, als sie sind. Ich behaupte: »Doch! Das ist gerade für dich genau das Richtige.«

Jeder von uns hat ein Talent dazu. Leider sind wir uns dessen zu wenig bewusst, oder unsere Begabung wurde noch nicht entdeckt, gefördert und weiterentwickelt. Es kann auch sein, dass wir seit der Schulzeit keine Gelegenheit hatten, vor Gruppen zu sprechen. An die Referate von einst erinnern wir uns zudem mit Grauen. Das Maß der Begabung ist unterschiedlich, das ist klar, aber dies ist auch beim Gesang, der Musik oder dem Skifahren so. Irgendwann wurden wir zum ersten Mal auf Skier gestellt, dabei konnte mehr oder weniger Talent erkannt werden. Jemand zeigte uns wie das geht, später ein paar Schulskikurse und seither fahren wir fleißig. Nicht jeder wird Weltmeister oder spielt die erste Geige bei den Wiener Philharmonikern. Dass dieses Beispiel auch für alle anderen Sportarten oder Passionen gilt, versteht sich.

Niemand von uns hat auf einer Talente-Skala einen Wert von »minus 5«. So ist es auch in der Rhetorik. Es gibt zahlreiche Musik-, Gesangs- und Sportvereine, jedoch kaum Rhetorik-Klubs, wo wir uns jeden Freitag treffen können, um zu üben. Deshalb bleibt es für viele ein Leben lang dabei, Leute im Fernsehen oder auf anderen Bühnen um ihr »ach so großes« Talent zu beneiden.

Als Kind war ich sehr introvertiert oder schüchtern, wie meine Verwandten immer sagten. Meine Tante, sie lebt schon lange in Graz, hat mich aus längst vergangenen Tagen so in Erinnerung behalten. Als ich ins Teenageralter kam, verloren wir uns aus den Augen. Jahrzehnte später erfuhr sie, dass ich als Rhetoriktrainer und Moderator auf Bühnen stehe. Ihre erste Reaktion war: »Was? Thomas?« Sie konnte sich das nicht vorstellen. Der schüchterne Bub von damals, der Angst vor seinem eigenen Schatten hatte, spricht vor Tausenden von Menschen. Unvorstellbar.

Wenn ich heute in unterschiedlichen Seminarrunden aus Wirtschaft, Politik oder dem Privatkundenbereich gefragt werde, wie ich zur Rhetorik gekommen bin, so ist meine Antwort immer dieselbe: Durch den Musikverein und meine Rolle als Obmann habe ich im Alter von sechsundzwanzig die Liebe zu diesem Fach gefunden. Der Plan, als Rhetoriktrainer selbstständig zu werden, entstand, gemeinsam mit meiner lieben Frau Manuela, neun Jahre später, im Jahr 2002.

1993 galt es im Musikverein einen Nachfolger für den sehr erfolgreichen Obmann Sepp Strimitzer zu finden. In einer Vorstandssitzung, an der auch ich teilnahm, wurde angeregt diskutiert, wer denn dafür infrage käme. Schließlich fiel die Vorauswahl auf zwei mögliche Kandidaten gleichen Alters, auf meinen Freund Hans Kerschbaumer und auf mich.

Einig waren sich die altgedienten Vorstandsmitglieder jedenfalls darüber, einer der beiden Jungen soll dieses Amt übernehmen. Zwei Sätze aus dieser Diskussion habe ich in bester Erinnerung: »Geeignet sind sie beide. Beim Hans wissen wir jedoch, der kann auch reden.« Diese Aussage sollte mir später als Obmann, Hans wurde mein Stellvertreter, noch viel Motivation bescheren. Wie oft dachte ich mir ganz still in meinem Innersten: »Na, euch werde ich es zeigen!«

»Zum Dichter wird man geboren, zum Redner wird man gemacht«, hieß es bereits in der Antike. Überzeugt von dieser Weisheit, begleite ich seit 2002 Persönlichkeiten, von Jung bis Alt, auf deren Pfad zu erfolgreichen Rednern. Ich treffe dabei Menschen aus völlig unterschiedlichen sozialen Schichten und Berufen. Meine Arbeit mit ihnen ermöglicht es mir, hinter deren Kulissen zu blicken. Dort sehe ich, dass vieles von dem, was manche so locker aus dem Ärmel schütteln, erlernt und hart erarbeitet werden musste. Wenn es auf das Publikum wirkt, als sei es dir in die Wiege gelegt worden, so locker-leicht kommt dein Auftritt an, dann machst du vieles richtig. Ein alter Hut ist, dass vieles von dem, das ganz leicht aussieht, in Wahrheit schwierig ist. Dieser Satz gilt auch umgekehrt.

Ein spannender Weg

Wir werden nicht über Nacht zum Meister. Ein bisschen Schweiß und Einsatz sind damit schon verbunden. Dabei geht es um mehr als um geschliffene Rhetorik. Mehrfach ist in diesem Buch die Rede vom Abholen des Publikums, von Emotionen und dem Berühren der Herzen. Im Grunde ist das exakt gleich wie im Alltag, denn auch da sind Fakten und Fachwissen alleine zu wenig. Dort beherrschen wir beides ausgezeichnet.

Ein sehr gescheiter Mensch sagte einst zu mir: »Wenn du auf der Bühne stehst, stelle dir vor, du sprichst nicht zu den Menschen, sondern mit ihnen.« Oft sind es einzelne Sätze, die uns für den Rest unseres Lebens begleiten. Für mich hat diese Aussage vieles verändert. Gemeint ist damit nicht, dass wir immer und überall von der Bühne aus mit den Leuten diskutieren sollen, sie um ihre Meinung bitten oder ihnen Fragen stellen, die sie beantworten sollen. Es geht um eine Art des Dialogs mit dem Publikum, die ohne verbale Beteiligung abläuft. Präsenz, die auf nonverbaler Ebene – in Mimik, Blickkontakt und Gestik – sichtbar wird. Wenn du das beherrschst, gehört der Raum in wenigen Minuten dir. Plötzlich spürst du, wie Lampenfieber, Nervosität oder gar Redeangst weniger werden.

Wenn ich dieses Thema in Seminaren den Teilnehmern näherbringe, verbinde ich das gerne mit folgendem Beispiel: Stellen wir uns vor, ihr hättet euch heute früh vor Seminarbeginn darauf verständigt, mich bewusst aufs

Glatteis zu führen. Frei nach dem Motto: »Egal, was der Typ da draußen sagen wird, wie freundlich und begeistert er auf uns zugehen mag, wir quittieren das ohne geringstes, sichtbares Zeichen.« (Ich spreche nicht von »Schwarzer Rhetorik« mit Augenrollen, kalter Schulter oder Verächtlichmachen. Das wäre eine zusätzliche Verschärfung.) Selbst ein alter Hase, erkläre ich weiter, wäre immens irritiert. Wir nehmen alles wahr, was kommt oder eben nicht, da unsere Sensoren sehr fein eingestellt sind. Der eine ist nach innen gerichtet und liefert uns alles Mögliche von dieser Seite, der andere zeigt nach außen und bringt ununterbrochen Informationen von dort.

Aus dem Leben:

Zu Beginn einer Konzertveranstaltung stand ich am Rednerpult, um das Publikum offiziell zu begrüßen. Rund 250 Gäste, an langen Tischen sitzend, sorgten für ein volles Haus. Mitten in der Begrüßungsrede lachte plötzlich eine Besuchergruppe los, zwar nicht hörbar, aus meiner Position aber gut zu sehen. Sofort tauchten Fragezeichen in meinem Kopf auf, welcher Freud'sche oder sonstige Versprecher wohl der Grund für deren Spaß war. Ich fand keine Antwort. Meine Verunsicherung blieb jedoch bis zum Ende der Rede vorhanden. Da es gute Bekannte waren, erlaubte ich mir in der Pause die Frage, welches Malheur mir denn passiert sei. Es ging nicht um mich. Einer aus der Runde erlaubte sich ein Späßchen, und alle lachten.

Hin zum Kick

Ein Großteil der Menschen spürt bei öffentlichen Auftritten Anspannung, Lampenfieber oder Nervosität. Und das ist gut so! Wie Spitzensportler, Schauspieler und andere Bühnendarsteller brauchen wir diese Spannung, um erfolgreich zu sein. Manchen routinierten Rednern merkt man es an, dass sie nach all den Jahren keinen Funken Nervosität mehr verspüren. Schade, denn genau so klingt die Rede. Wir brauchen den gewissen Kick, um gut zu sein.

»Was heißt Lampenfieber, ich habe regelrecht Redeangst«, sagt so mancher Seminarteilnehmer zu mir. Was kann ich dagegen tun? Bewusst habe ich dieses Kapitel zu Beginn des Buches eingebaut, in der Hoffnung, in den folgenden Abschnitten Unterstützung zur Bewältigung der Redeangst zu geben. Klar kann sie uns dermaßen blockieren, dass wir tatsächlich versagen, wenn es darauf ankommt. Dann ist genau das eingetreten, was wir ohnehin schon immer wussten: »Das ist nichts für mich!« Die selbsterfüllende Prophezeiung hat voll zugeschlagen, leider mit negativen Vorzeichen. Ich weiß, es ist viel leichter gesagt als getan, sich positiv zu programmieren.

Nervosität blockiert uns

Ich sehe zahlreiche Parallelen zwischen Musik und Rhetorik. Das gilt auch für ein Übermaß an Nervosität oder gar Bühnenangst. Mit fünfzehn durfte ich zum ersten Mal in meinem Leben als Solist beim Wunschkonzert des Musikvereins Stainach auftreten. »Ich bin nur ein armer Wandergesell«, so lautete der Titel des Stücks. Monatelange Probenarbeit lag hinter uns und Stunden des Übens der Solostimme für mich, allein im stillen Kämmerlein. Dann kam der große Tag. Ich stand hinter dem Vorhang, durch eine Öffnung sah ich zahlreiche gute Bekannte im Publikum. Musiker befreundeter Kapellen waren da, andere Posaunisten und der Direktor unserer Musikschule, mein hochgeschätzter Professor Johann Lipp, saß ganz vorne in der ersten Reihe.

Der Moderator kündigte mein Solo an, nannte meinen Namen, für mich gab es nun kein Zurück. Jetzt musste ich ins Scheinwerferlicht. Dem Conférencier fielen ein paar lustige Geschichten ein, die er zum Besten gab. Mein Herz schlug bis zum Hals, die Hände wurden feucht, dafür mein Mund trocken. Vor allem Letzteres bedeutet weder für einen Musiker noch für einen Redner etwas Gutes. Kapellmeister Heinz Rohrmoser hob den Taktstock und nach ein paar Takten der Einleitung folgten meine ersten Töne der an sich sehr getragenen Melodie des »Wandergesellen«. Rasch war mir klar: »Das wird heute nichts!« Irgendwie habe ich mich dann durch meinen großen Auftritt im Volkshaus von Stainach durchgeschummelt.

Was war passiert? War ich unzureichend vorbereitet? Musikalisch mit Sicherheit nicht, vielleicht aber mental, in meiner Grundprogrammierung sozusagen. Daheim im Wohnzimmer lief zuvor immer alles wie am Schnürchen.

Wo lag die Ursache für meine Bühnenangst, gerade im Augenblick, wo es darauf ankam? Wir sollten tatsächlich ein wenig Ursachenforschung betreiben. Wenn mir das Lampenfieber ein paar von meinen – sagen wir dazu – 100 Prozent geraubt hätte, wäre das niemandem aufgefallen, nach ein paar Takten nicht einmal mir als Solisten. Die Rechnung ist einfach: Ziehen wir von unseren gedachten 100 Prozent zehn ab für die Grundanspannung, weitere zehn führen wir auf das grelle Scheinwerferlicht zurück, 15 für die schrecklich vielen Menschen im Saal, 15 für den Herrn Direktor in der ersten Reihe und so weiter. Sehr rasch landen wir dann bei rund der Hälfte unserer Möglichkeiten.

Daher gilt es, neben guter Vorbereitung, vor allem mental an sich zu arbeiten. Bühne ist Bühne, daher verwende ich im Buch und im Seminarraum gerne diese Vergleiche zu anderen Situationen des Lebens.

Zurück zum Redeauftritt: Für viele ist die Angst vor dem Versagen die größte Hürde. Sie fühlen sich vor Auftritten wie vor einer Hinrichtung. Das Herz schlägt wie wild, die Hände sind feucht und im Kopf entsteht das Gefühl der Leere, als sei alles weg.

Dazu gleich ein Praxistipp:

Akzeptieren wir grundsätzlich Lampenfieber als eine völlig normale Stressreaktion unseres Organismus. Wir befinden uns damit in bester Gesellschaft, ohne es zu wissen. Eine leichte nervöse Anspannung, die sich im Körper bemerkbar macht, hat auch Vorteile: Wir sind hellwach, konzentriert und präsent. Unsere Sinne sind geschärft. Diese Spannung hilft uns, Höchstleistungen zu bringen.

Was aber, wenn es pure Angst ist?

»Was kann uns schon passieren?, fragte der Weise, schlimmstenfalls verlieren wir unser Leben. Aber solange das Leben noch weitergeht, dürfen wir uns rühmen, mit allen Problemen fertig geworden zu sein.« (R. Obert). Eine stark überzogene Grundeinstellung, zugegeben, jedoch eine gute Basis, um mit Bühnenangst fertig zu werden.

Aus dem Leben:

Ob in meinem früheren Beruf als Geschäftsleiter eines Importunternehmens oder in meinen ehrenamtlichen Funktionen, ich bereitete meine Reden und Vorträge immer gut vor. Teils steigerte ich mich so hinein und entwickelte das Gefühl, alles drehe sich um meinen Auftritt in ein paar Tagen.

Ich bin ein Naturliebhaber und ging nach Möglichkeit einige Stunden vor der Veranstaltung eine kleine Wald- oder Bergrunde. Die Nervosität war damals mein ständiger Begleiter. Eines Tages machte ich auf meinem Marsch Rast auf dem Lichtkogel, einem kleinen Felsplateau oberhalb von Stainach-Pürgg. Ich blickte von dort auf die Häuser unserer Gemeinde. Bald entdeckte ich das Volkshaus, die Stätte des Geschehens heute Abend. »Fetzblauer« Himmel über dem Ennstal, und ich kleiner Wicht auf einem Stein da oben. Unten im Tal ein Veranstaltungssaal in der Größe einer Streichholzschachtel, das öffnete mir die Augen.

Ich fand das für mich beste Rezept im Umgang mit meiner Nervosität, da mir klar wurde, dass sich die Welt weiterdrehen würde, selbst wenn ich heute am Abend Fehler machen sollte. Außerdem werde ich das ganz bestimmt überleben. Nein, ich zog mein Tun und meine Verantwortung damit nicht ins Lächerliche. Ich setzte meine Auftritte vor 10, 100 oder 1000 Menschen einfach nur in Relation zu anderen Lebenssituationen. Ich dachte mir: »Was ist das Schlimmste, das mir heute Abend passieren kann?« Ein paar Versprecher oder ein kurzer Hänger, gab ich mir zur Antwort. Wirklich schlimm ist das nicht, oder? Weder werde ich mich um Kopf und Kragen reden oder in die Wüste geschickt. Es geht nicht um Leib und Leben. Darauf will ich hinaus.

Rasch freundete ich mich damit an, im Fall der Fälle mit den Konsequenzen leben zu können. Sollte hinterher bei einem Gläschen Wein jemand sagen: »Der hatte auch schon bessere Tage«, selbst dann wird sich mein Leben nicht verändern. Du kannst zudem davon ausgehen, sehr bald spricht niemand mehr davon.

Das gilt auch in deinem Unternehmen. Wenige von uns sind dort als hauptberufliche Sprecher engagiert. Nur eine Handvoll meiner Leser moderieren die »ZiB« und selbst die dürfen sich versprechen, ohne gefeuert zu werden. Du machst dort deinen verlässlichen Job als Buchhalter, Projektleiter, Facharbeiter oder Firmenchef. Dafür bekommst du dein Geld. Dein Vortrag im nächsten Meeting ist zwar unglaublich wichtig, jedoch nicht deine Haupt-Profession. Das hilft mir als Hobbymusiker beispielsweise seit einigen Jahren sehr. Ich gebe dort mein Bestes, bin aber nicht Posaunist eines Berufsorchesters.

Die Wirkung ist sensationell. Diese neue Haltung hat mein Leben verändert. Durch diese Sichtweise bin ich viel lockerer geworden und daher ist nie eingetreten, womit ich im schlimmsten Fall auch hätte leben können. Bitte ausprobieren – es wirkt.

Wer will schon bloßgestellt werden?

Möglicherweise schlummern aus der Vergangenheit Erlebnisse in unserem Unterbewusstsein, in denen wir bloßgestellt wurden oder uns so fühlten. Oft haben Situationen aus unserer Kindheit und Jugend Spuren hinterlassen. Wir blamierten uns vor der großen Verwandtschaft, in der Schule an der Tafel, bei einem Referat oder bei einer mündlichen Prüfung. Ich wollte beispielsweise im Musikunterricht in der Schule nie alleine vorsingen. Wenn es um die Note für das Zeugnis ging, war das aber ein absolutes Muss. Dem Herrn Hofrat, wie unser Herr Direktor anzusprechen war, gefiel das gar nicht. Meinen Eltern teilte er in der Sprechstunde mit: »So etwas ist mir in meiner langen Karriere noch nicht unterkommen!« Ich wollte ihn nicht provozieren, schuld war die Angst davor, bloßgestellt zu werden.

Als ich vor ein paar Jahren die Jagdprüfung ablegte, fühlte ich mich im Kurs wieder zurückversetzt in die Mathe-Stunde in der 3. Klasse Gymnasium: »Nichts gelernt, setzen!« Ich dachte mir als 47-jähriger, angehender Jungjäger, das fühlt sich an wie damals. Dieses Beispiel beweist, dass fachliches Wissen eine wichtige Basis für einen sicheren Auftritt bildet.

Heute sehe ich meine Mission darin, allen Menschen, die sich mir in Seminaren anvertrauen, die Angst vor dem Versagen zu nehmen. Mein Fokus ist immer auf die Stärken des Einzelnen gerichtet, statt ihn stets auf seine Schwächen hinzuweisen. Einer meiner Sprüche zu Beginn von Seminaren lautet daher: »Der Einzige, der sich heute blamieren kann, bin ich!« Das nimmt den Teilnehmern viel Nervosität vor einem Rhetorikseminar und beflügelt sie zu Höchstleistungen. In meinen Rückmeldungen zu den Übungsreden der Teilnehmer halte ich mich selbstverständlich mit viel Einfühlungsvermögen an diese, auf Stärken gerichtete Methode.

»Und schuld ist das Publikum!«

Wie uns allen bekannt ist, kommt es gar nicht so sehr auf die absolute Besucheranzahl im Raum an. Je nach Situation genügen schon ein paar Teilnehmer, um nervös zu sein. Manche berichten, vor 20 Personen mehr Angst zu spüren als bei nächster Gelegenheit mit 200 Gästen. Natürlich ist unser Nervositätslevel nicht ausschließlich von der Größe des Auditoriums abhängig. Ich war oft vor Bekannten deutlich mehr aufgeregt als vor wildfremden Menschen.

Aus dem Leben:

Eine halbe Stunde vor Beginn einer Veranstaltung füllte sich die Halle, in der um 20 Uhr eine große Kulturveranstaltung stattfand. Größere Gruppen strömten in den Saal und suchten sich die besten Plätze. Mit jedem Besucher, der zur Tür hereinkam, wurde mein Pulsschlag höher. »So viele Leute«, dachte ich und bekam feuchte Hände. Ob alles klappen würde, ging es mir durch den Kopf, denn schließlich hatten wir uns lange auf diesen großen Abend vorbereitet. Kurz vor Beginn mussten wir Stühle einschieben, um alle Besucher unterbringen zu können. Mein Herz raste vor Aufregung. Kein Wunder, könnten wir jetzt sagen. Bei solchen Menschenmengen eine natürliche Reaktion.

Worauf will ich hinaus? Zuerst machen wir Werbung, hängen Plakate auf und schicken Vorberichte zur Veranstaltung an die Presse. Dann strömen die Massen und wir fürchten uns? Das passt doch nicht zusammen, wusste ich es Jahre später besser. Bei uns sind Menschen willkommen.

Freu' dich auf deine Gäste, und zwar auf jeden einzelnen. Unser Gegenüber spürt es, willkommen zu sein und dich als positiven und freundlichen Gastgeber zu erleben. Außerdem wage ich die Behauptung, dass niemand gekommen ist, um dich Scheitern zu sehen.

Als vielgeprüfter Moderator von Debatten mit politischem oder persönlichem Zündstoff kenne ich Versammlungen sehr gut, die weniger harmonisch ablaufen wie soeben beschrieben. Selbst dort ist eine positive Grundeinstellung immer von Vorteil, auch wenn es zwischen den Diskutanten auf dem Podium oder im Saal später ordentlich zur Sache geht.

Deutlich vor den Gästen da sein

Es ist sehr beruhigend, früh genug vor Ort zu sein. Das ist eine Empfehlung, wenn du selbst Gastgeber, Referent oder Hauptakteur bist. Auf jenen Vorteil, dass ich die Technik in Ruhe checken kann, um die Gefahr von Pannen einzudämmen, kommen wir noch zu sprechen. Für Ehrengäste, die später ein paar Grußworte an das Publikum richten, ist die Situation eine andere. Sie werden selbstverständlich nicht als Erste am Veranstaltungsort eintreffen.

Seit fast 20 Jahren bin ich bei meinen Auftritten rund eine Stunde früher da. Ich brauche dazu keinen Veranstalter, der mit mir Small Talk hält oder Kaffee trinkt. Mir geht es um die Bühne oder meinen Platz, den ich später einnehmen werde. Von da aus sehe ich vor meinem geistigen Auge bereits jetzt das Publikum. Dieses Ritual pflege ich auch in jedem kleinen Seminar mit einer erlesenen Runde von zehn Personen. Das dauert ein paar Minuten, mehr brauche ich nicht dazu. Danach geht es selbstverständlich um das manuelle Vorbereiten des Raumes, um den Feinschliff, den ich gerne in Ruhe mache. Wer, so wie ich, regelmäßig als Referent durch die Lande zieht, weiß, dass es manchmal um mehr als nur um die letzten Details im Saal geht.

Vor über zehn Jahren habe ich in einem Krankenhaus in der Nähe von Graz ein Seminar abgehalten. Einige

Räumlichkeiten des großen Hauses waren mir bereits vertraut, da ich schon mehrmals dort im Einsatz war. Trotzdem startete ich an jenem Samstag sehr zeitig um 6 Uhr morgens Richtung Seminarort. Bei einer kalkulierten Reisezeit von rund 1,5 Stunden und einem Seminarbeginn um 9 Uhr ergab das einen zeitlichen Puffer von 90 Minuten. Diese 1,5 Stunden waren noch goldwert, wie ich gleich nach meiner Ankunft erfahren sollte.

Eine sehr freundliche Mitarbeiterin am Empfang schickte mich in den zweiten Stock des Altbaus, mit der Bemerkung, dass wir heute einen anderen Raum haben werden als sonst. Ich bin diesbezüglich kein Gewohnheitstier, unendlich geduldig und sehr flexibel. Ich schleppe gerne mein Zeug selbst, vielleicht ein Ritual oder doch ein bisschen Gewohnheit(stier)? Ich betrat den Prunkraum und war geblendet, so schön war es dort. Rasch erkannte ich, dass hier für alles vorbereitet war, jedoch mit Sicherheit nicht für ein Kommunikationsseminar mit 15 Spitalsmitarbeitern. Inzwischen war es 8 Uhr. Ich versicherte mich, ob dieser Raum tatsächlich für uns vorgesehen sei und ich alles an Geschirr, Silberbesteck und die dreierlei Gläser für dieses Galadinner abräumen dürfe. Nicht, dass im Laufe des Tages eine feine Gesellschaft erscheint, um hier zu speisen. Nach dem offiziellen Okay und dem Hinweis, dass leider niemand zur Verfügung stehe, der mich unterstützen könne, legte ich los. Um 8.45 Uhr war ich fertig. Also fertig im Sinne von startklar.

Gelassenheit ist gerade in solchen Situationen das Gebot der Stunde. Kurz vor neun erschienen dann die Teilnehmer. Wie unprofessionell wäre es, würde ich verschwitzt und verärgert gerade hektisch die Vorbereitungen durchführen. Selbst wenn mich für das organisatorische Chaos keine Schuld trifft, gilt es einen kühlen Kopf zu bewahren. Ich lasse mich auch nicht als Held feiern, der die Veranstaltung im letzten Augenblick gerettet hat. Klar tat es gut, als in der Mittagspause ein Insider bereits wusste, dass ein Hoppala passiert war. »Du bist cool drauf«, streute er mir Rosen, die ich mit einem bescheidenen »Danke« gerne annahm.

Weshalb erzähle ich diese Geschichte? Weil es bei deinen und meinen Auftritten vorkommen kann, dass das Rundherum nicht so läuft wie geplant. Hier heißt es besonnen und locker bleiben, sich nicht ärgern oder dies zumindest vor deinem Publikum zu verbergen.

Pannen souverän meistern

»Gestern am Abend hat der Beamer noch funktioniert.« Diesen Satz habe ich in den vergangenen 20 Jahren oftmals gehört. Ebenso wäre ich in der Lage über schlecht eingestellte Tonanlagen, leere Batterien bei Funkmikros, fehlende Kabel ein Buch zu schreiben. Daher habe ich in meinem Job als Trainer und Referent vom HDMI-Kabel bis zum Ersatz-Beamer, Stifte und Papier, so gut wie alles mit. Ein Sicherheitsnetz, das beruhigt.

Sind wir selbst Gastgeber, Organisator, Projektleiter, Redner oder Moderator bei unserer eigenen Veranstaltung oder Feierstunde (Firma, Verein, Privatbereich), dann sollte alles bestens vorbereitet und getestet sein.

Aus dem Leben:

Wir schreiben den 1. November, Allerheiligen. Pünktlich um 14 Uhr beginnt die Gräbersegnung, die der Ortspfarrer persönlich durchführt. Wie in jedem Jahr haben sich auf dem großen Pfarrfriedhof dieser niederösterreichischen Gemeinde hunderte Menschen eingefunden. Damit Pfarrer und Lektor gut zu hören sind, wurde den ganzen Vormittag geschuftet, um eine Mega-Tonanlage zu installieren. Im Freien, noch dazu auf einer so riesigen Fläche, eine große Herausforderung. Pünktlich bevor die ersten Leute kamen, war die Anlage »scharf«. Eine kurze Sprechprobe und es kann losgehen. Mit dieser Art der Beschallung hatte sich die Pfarre heuer etwas Besonderes einfallen lassen, wurde doch in den letzten Jahren immer kritisiert, dass die Sprecher schlecht zu verstehen waren. Ist das ein voller, angenehmer Klang heuer, nicken einander einige Friedhofsbesucher gleich nach den ersten Sätzen sichtlich zufrieden zu.

Nach der Einleitung durch den Pfarrer übernimmt der Lektor. Sehr gut zu verstehen sind die Worte, dass nun die Namen aller Verstorbenen des letzten Jahres verlesen werden sollen. Danach ist noch zu hören: »Fr … Ma, Ir … Hub, Mar … Schi, Se … Mü …« Alles Drücken und Schieben an Knöpfen und Reglern hilft nichts. Ja, richtig geraten, es ist die Batterie des Funkmikros, die gerade im Begriff ist, den Geist aufzugeben. Leider hat niemand eine Ersatzbatterie in seiner Mantel- oder Handtasche dabei. Ausgerechnet bei dem für viele wichtigsten Teil dieses Gedenkens auf dem Friedhof passierte so etwas.

Mein Praxistipp:

Batterien bei Mikros immer tauschen. Dieser Tipp gilt selbstverständlich für diese und ähnliche Situationen. Ich habe nachgefragt, die Anlage war im Eigentum einer Gemeinschaft von Vereinen, Pfarre und Gemeinde. Insgesamt wird sie pro Jahr vier bis fünf Mal eingesetzt. Vor Allerheiligen war sie zuletzt beim großen Marktfest im August in Verwendung.

Hand aufs Herz! Viel zu selten kommen wir zu einer kleineren Veranstaltung, Versammlung oder einem Vortrag und können sagen: »Wow, welch' super Klang.« Oder es funktioniert unscheinbar, unaufdringlich, unaufgeregt. Auch gut. Der Sound passt, sodass wir uns gar keine Gedanken darüber machen müssen. Er ist einfach top, nicht zu laut oder zu leise, keine Rückkopelungen, kein Quietschen oder Pfeifen. Nicht immer ist das reine Einstellungs- oder Wartungssache. Es liegt zu einem Teil an uns, die wir damit arbeiten, gut mit Mikros aller Art umzugehen. Der Kollege am Mischpult ist chancenlos, wenn ich das Handmikro rund 15 Zentimeter unter meinem Kinn fest an meine Brust drücke, wo dieses doch am besten klingt, wenn ich aus ganz kurzer Distanz direkt hineinspreche. Solltest du zu laut sein – »zurücknehmen« kann dich der Techniker immer, nur umgekehrt wird es schwierig.

Ganz schön viel Aufwand, ich weiß, dabei waren das eine Handvoll Grundlagen eines »guten Tons«. Was hilft die geschliffenste Rede, wenn sie die Menschen nicht erreicht oder wie es in der Rhetorik heißt: »Was ein Ohr beleidigt, wird das Herz nicht berühren.«

Dass diese Art einer Top-Vorbereitung ebenso für den Beamer, die Videozuspielungen, das Licht, die Internetverbindung bis hin zu einem simplen Flipchart – wofür immer wir uns im Vorfeld entschieden haben – gilt, versteht sich. Ich arbeite beruflich gerne mit Flipcharts. Diese »Dinger« werden im Dorfsaal, beim Wirt oder in anderen Lokalen leider sehr stiefmütterlich behandelt und manchmal erst kurz vor der Veranstaltung aus dem Dachboden geholt. Stelle sicher, dass die Fixierung der Beine und die Klemmleiste für das Papier intakt sind. Ganz selten, dafür umso wirkungsvoller, brachen solche Gestelle während meines Auftritts zusammen oder gefühlte hundert Zettel rutschten beim Umblättern aus der Halterung. Beides ist unter Beobachtung des Publikums unangenehm und macht vor allem viele von uns nervös. Genügend sauberes Papier bereitstellen, ein paar gute Stifte dazu, die Blätter vom letzten Meeting vorher entfernen und es kann sicher und entspannt losgehen.

Wie wir sehen, ist Vorbereitung ein wesentlicher Teil eines erfolgreichen Auftritts. Sie macht uns sicherer und unser Publikum spürt, dass wir insgesamt gewissenhaft arbeiten.

Fachliche, inhaltliche Vorbereitung

Im März 2019 erreichte mich der Anruf eines mir gut bekannten Bürgermeisters. In zwei Tagen sei eine Bürgerversammlung zu einem sehr sensiblen Thema. Erwartet werden rund 500 Besucher im Saal und die verantwortlichen Entscheidungsträger des Landes am Podium. Ob es mir möglich wäre, die Veranstaltung zu moderieren, lautete seine Anfrage. Wir sind gute Bekannte und ich bin ein hilfsbereiter, durchaus spontaner Typ. Ich sagte: »Leider nein!« Selbstverständlich könnte ich mit ganz wenig Vorbereitungszeit manch andere Veranstaltung moderieren. Keinesfalls jedoch eine Bürgerversammlung mit so viel Zündstoff und dermaßen verhärteten Positionen. In dieser Rolle trägt der Moderator ein hohes Maß an Verantwortung. Für den Fall, dass die Situation eskaliert, hätte man den Schuldigen rasch ausgemacht.

Aus einem anderen Teil meines Heimatbezirks bekam ich zu dieser Zeit, zum gleichen Veranstaltungsformat und -thema (Bürgerversammlung, Leitspital Liezen) ebenfalls eine Moderationsanfrage. Ich hatte zwei Wochen Vorbereitungszeit, sagte zu und moderierte erfolgreich eine dreistündige, durchaus hitzige Debatte im Schladminger Congress. »Welche Gage mit dem Moderator auch vereinbart war, zahlt ihm das Doppelte«, lautete das Feedback eines prominenten Tourismusmanagers nach dieser Podiumsdiskussion.

Eine Veranstaltung wie diese braucht viel Spontaneität, da du nie genau weißt, was kommen wird. Wenn ich dafür positive Rückmeldungen erhalte, also jemand fragt, wie man auf der Bühne unter so viel Druck so spontan sein könne, dann lautet meine Antwort: »Gute Vorbereitung ist der Schlüssel.« Was für das Erste wie ein Widerspruch klingt, ist bei näherer Betrachtung tatsächlich die Lösung. Wenn du dich mit dem Thema, den Situationen, der Sache insgesamt (nicht nur als Moderator) professionell auseinandersetzt, recherchierst und mehr als oberflächliches Wissen mitbringst, dann hast du die Zügel in deinem Referat, Vortrag oder in deiner Moderation immer in der Hand.

Vielleicht denkt sich jemand: »In so explosiven Situationen werde ich niemals auftreten müssen.« Wer weiß? Außerdem kann eine Projektpräsentation vor einer Handvoll vertrauter Kollegen oder externer Geschäftspartner ebenso Zwischenrufe, Einwände oder unangenehme Fragen mit sich bringen. Manchmal sind es schlagfertige Pointen von Teilnehmern, mit denen wir richtig umgehen sollten. Wenn du gelassen und sicher bist, ist alles halb so wild.

An einem Samstag im goldenen Oktober erreichte ich gegen Mittag einen Veranstaltungsort im schönen

Oberösterreich. Im Saal des Kirchenwirts lief bereits seit 8 Uhr morgens der interne Teil eines Firmenmeetings. Vierzig gestandene Männer warteten auf mich. Streng genommen ist »warteten« leicht übertrieben, denn an einem traumhaften Wochenende mit Sonnenschein und mehr als 20 Grad im Schatten gibt es, subjektiv betrachtet, durchaus noch schönere Erlebnisse als ein Kommunikationsseminar bis 18 Uhr mit so einem »wichtigen Externen«. Die Herren kamen gerade vom Mittagstisch. Es gab wahlweise Schweinsbraten oder Wiener Schnitzel. Um 13 Uhr, gleich nach dem Essen, befinden wir uns generell nicht auf dem allerhöchsten Punkt der Leistungskurve, wie viele erfahrene Seminarteilnehmer am besten wissen. Nach den einleitenden Worten durch den Abteilungsleiter war ich an der Reihe. Ich hatte schon viele vergleichbare Situationen erfolgreich hinter mir und wusste grundsätzlich, was zu tun ist, um die Leute abzuholen. Ich bekam mit, wie einer mit meiner Seminarmappe in der Hand zu seinem Nachbarn halblaut sagte: »So eine Mappe kannst' daheim immer brauchen« und der zweite erwiderte: »Hoffentlich taugen seine Kugelschreiber, sonst kann er sie wieder einpacken.« Die beiden hatten ihren Spaß, mich ein bisschen auf die Schaufel zu nehmen. Der Dialog fand so statt, dass ihn nur wenige, darunter ich, mitbekommen hatten.

Ich gebe zu, solche Einlagen hätten mich vor Jahren noch dazu gebracht, dass ich entweder nervös geworden wäre oder mich gar gerechtfertigt hätte, z. B. mit den mahnenden Worten: »Sie werden schon sehen, wie professionell mein Skript aufgebaut ist!« Ich tat vorerst gar nichts und blieb sehr gelassen, schließlich ging es darum, alle gut auf die Reise an diesem Samstagnachmittag mitzunehmen. Im Innersten wusste ich: »Freunde, ihr kommt schon noch dran!«

Insgesamt war es mir wieder gelungen, eine lockere Stimmung in die Runde zu bringen. Ich mache das immer auf Augenhöhe mit den Leuten und mit Praxisbeispielen, an denen jeder sofort erkennt, dass er die Tipps des Tages ebenso daheim in der Familie, bei Freunden oder in der Feuerwehr verwenden kann. »Locker, lustig, produktiv« könnte man diese Methode nennen, die darauf baut, dass Menschen, die lachen und Emotionen zeigen, mehr aus der Veranstaltung mitnehmen. Mit »mehr« meine ich das Gesamtpaket samt handfester, messbarer Umsetzung aus dem Training.

Jetzt kam mein Konter in Richtung der beiden Jungs. Ich nahm eine Seminarmappe in die Hand. Das ist jener Ordner, mit dem die zwei vor fünf Minuten ihren Spaß hatten. Ich sprach darüber, dass ich heute Nachmittag alles geben werde, damit sie viel in ihrem Leben umsetzen können. »Und falls das Training doch nicht entsprechen sollte«, mit diesen Worten sorgte ich rasch für volle Aufmerksamkeit, »so eine Mappe kann man daheim immer brauchen«. Schallendes, fröhliches Lachen im Raum. Offenbar hatten das vorher mehr mitbekommen als gedacht. Als wir uns wieder beruhigt hatten, meinte einer der beiden: »Und hören tust du auch gut!«

Was erzählt uns diese Geschichte? Das Eis war ab diesem Moment gebrochen. Die Teilnehmer wussten, der Typ kann auch über sich lachen und kommt nicht von oben herab. Hätte ich anders reagiert, zur Ruhe ermahnt oder die beiden bloßgestellt, wäre dieser Nachmittag vermutlich anders verlaufen. So hatten wir unseren Spaß, die Stunden vergingen wie im Flug, und alle blieben bis zum Schluss voll bei der Sache.

Üben, üben, üben – für 100 Prozent auf der Bühne

In unserer Heimatgemeinde feierte Anfang des Jahres 2020 die Theatergruppe Stainach ihr 110-jähriges Bestehen. Manuela und ich sind ganz große Anhänger dieses herausragenden Vereins. Der Obmann ist Alfred Windl, einer meiner besten Freunde seit Kindertagen. Fred und ich fachsimpeln sehr gerne, und wir erkennen große Übereinstimmung zwischen Theater- und Rhetorikbühne, u. a. beim Thema Lampenfieber und Nervosität.

Vor vielen Jahren hat mir mein Freund einmal gesagt: »Wenn nach monatelangem Lernen und Proben der Tag der Premiere vor der Türe steht, dann brennen wir darauf, auf die Bühne zu gehen.« Diesen Satz habe ich mir eingeprägt, da er auch für eine große Rede, wichtige Präsentation oder für ein Referat Gültigkeit hat. Auch wenn wir uns selten monatelang auf Reden vorbereiten, ist es das allerbeste Zeichen, wenn du dich top vorbereitet fühlst, deine Präsentationen intensiv geübt hast, denn dann kommt der Punkt, an dem du deinen Text und dich selbst nicht mehr hören kannst und dich fragst: »Wann kommt endlich der Auftritt?« Das ist auf jeden Fall ein klares Zeichen dafür, dass du ausgezeichnet vorbereitet bist. In anderen Situationen besteht wenig bis gar keine Übungsmöglichkeit. Dazu gibt es meine Redegerüste für ausgezeichnete Stegreifauftritte, die ich später noch erläutern werde.

In der Ruhe liegt die Kraft

Gerade kurz vor Beginn einer Veranstaltung herrscht gewöhnlich eine gewisse Unruhe im Raum. Einige Gäste suchen noch ihren Platz, andere kommen im allerletzten Abdruck. Sollten wir Prominenz zu begrüßen haben, ist auch die Gästeliste nochmals zu checken.

Wenn ich in meiner Rolle als Obmann für alle organisatorischen Belange hauptverantwortlich bin, mache ich das gerne und gewissenhaft. Kurz vor Veranstaltungsbeginn blendete ich das jedoch aus. In dieser Phase mussten sich andere darum kümmern. Ich ging gerne nochmals an die frische Luft, ganz alleine, blickte zum Himmel, atmete tief ein und aus, ein und aus. Kurz spielte ich die einzelnen Abschnitte durch, nahm noch einen Schluck – meist Wasser – jetzt war ich startklar.

Der Hektik unmittelbar vor Beginn kurz entfliehen, sich nicht von der Nervosität anderer anstecken lassen, Ruhe suchen und gut durchatmen.

Dieses Kapitel liegt mir persönlich sehr am Herzen. Zum Glück sind wir Menschen und keine Maschinen. Lampenfieber, Nervosität und Redeangst sind daher zutiefst menschlich. Machen wir uns bewusst, dass wir damit nicht alleine sind, kämpfen wir nicht dagegen an.

Bis zu einem gewissen Maß ist unsere Aufregung für das Publikum nicht wahrnehmbar. Falls doch – an der Stimme, Gesichtsfarbe oder einem leichten Zittern der Hände – so versichere ich dir, Nervosität macht dich beim Publikum unglaublich sympathisch. »Wegen uns ist er aufgeregt« kommt allemal besser an als – entschuldige die Übertreibung – arrogant, von oben herab »Wer bin ich denn«.

Trotzdem rate ich davon ab, zu Beginn zu sagen: »Ach, wie bin ich denn nervös. Es ist halt das erste Mal für mich hier zu stehen.« Das würde einige Besucher zwar mit Sicherheit erreichen, die dann am Ende sagen würden: »Dafür hat er es aber ganz gut gemacht.« Besser (ist), wir stellen uns positiv auf unseren Auftritt ein, bereiten uns gut darauf vor und geben alles, ob beim ersten oder letzten Auftritt vor Publikum.

Wichtige Praxistipps zusammengefasst:

Du wirst deinen Auftritt überleben.

- Was ist das Schlimmste, das dir passieren kann?
- Du wirst erkennen, dass es nicht um Leib und Leben geht. Das macht dich locker.

Akzeptiere ein gutes Maß an Lampenfieber!

- Du brauchst eine Spannung, um gut zu sein.

Sicherheit durch zeitgerechte und sehr gute Vorbereitung.

- Es ist ganz leicht, spontan, souverän und locker zu sein, wenn du top vorbereitet bist.

Üben, üben, üben – so es die Situation erlaubt.

Schaue dir im Vorfeld die Bühne an.

- Wo wirst du stehen?
- Ist alles da, und funktioniert die Technik?

Rufe dir einen erfolgreichen Auftritt in Erinnerung!

- Erinnere dich an das gute Gefühl (z. B. Stimmung, Applaus, Erfolg).

In der Ruhe liegt die Kraft.

- Gehe für einige Minuten an die frische Luft.
- Atme bewusst ein und aus.
- Wasser und Sauerstoff sind besonders wichtig für Körper und Geist.

Bei uns sind Menschen willkommen.

- Freue dich auf das Publikum, das meint es gut mit dir.
- Niemand will dich scheitern sehen.

Sei engagiert und aktiv, anstatt dich passiv durch die Rede treiben zu lassen!

DIE FREIE REDE
KÖNIGSDISZIPLIN DER RHETORIK

»Kein bloßes Ablesen eines Textes, das müsste man können«, dachte ich einst. Ist das tatsächlich so schwierig, wie viele glauben? Nein! Und genau aus diesem Grund schrieb ich dieses Buch.

Dazu ein wertvoller Praxistipp gleich zu Beginn:

Lerne deinen Text niemals auswendig. Eine Rede ist kein Gedicht. Zu groß ist die Gefahr, dass wir beim Auftritt einen Filmriss haben, zu wenig echt wirken, und unser Beitrag »so richtig auswendig gelernt« klingt.

Doch der Reihe nach. Sicher ist sicher, dachte ich mir in meinen Anfängen, als ich in meiner Rolle als Obmann des Musikvereins Stainach erste größere Auftritte hatte. Bevor ich hängen bleibe, etwas Wichtiges vergesse oder andere Pannen passieren, schreibe ich lieber ein komplettes Manuskript mit ganzen, ausformulierten Sätzen. Eine Vorstufe zur freien Rede, da damit alle Gedanken vorab schriftlich festgehalten werden. Ich fühlte mich sicher, jedoch nicht wirklich wohl. Vor zwei Minuten unterhielten wir uns noch im Dialekt, jetzt spreche ich vor denselben einheimischen Gästen plötzlich im feinen Hochdeutsch. Wie ungewohnt!

Apropos Hochdeutsch: Ein Redemanuskript kann zwar die Grundlage der freien Rede bilden (siehe Kapitel »Bojenschwimmen«), bitte übersetze jedoch niemals den im Hochdeutsch verfassten Text während deines Vortrags in den Dialekt. Satzbau, Grammatik, Zeitformen und so manche Begriffe lassen das nicht zu.

In meinen Anfängen als Redner traf ich also die Entscheidung: »Lieber eine Manuskriptrede sicher, korrekt und mit gutem Vortrag, als eine freie Rede und die Gefahr, mich zu blamieren.« Das Ergebnis klang zwar etwas steif und brachte mir vereinzelt auch die Kritik ein, ich sei »schon sehr hochdeutsch« unterwegs. Damit konnte ich vorerst jedoch gut leben. Später wagte ich mich mehr und mehr hin zur Kür, zur freien Rede. Damit meine ich einen Auftritt, der gut vorbereitet und frei gesprochen die Menschen erreicht, berührt und sie mitnimmt auf die Reise. Das ist die Königsdisziplin der Rhetorik.

Freies Reden bedeutet nicht automatisch, dass ich keine Hilfsmittel verwenden darf oder ausschließlich einzelne Begriffe auf meiner Karte oder dem Display stehen. Ganz im Gegenteil! Der Ausdruck Stichwortkonzept ist zudem irreführend. Manche nehmen das zu wörtlich, denn richtig müsste es »Stichsatzkonzept« heißen.

Praxistipp:

Schreibe dir stets so viel Text in deine Vortragsunterlage, wie du brauchst, um den erforderlichen Denkimpuls für deinen nächsten frei gesprochenen Hauptgedanken zu bekommen. Meine Stichwortkonzepte sind eine gute Mischung aus Einleitungssätzen, Grundgedanken und einigen ausformulierten Passagen. Wenn beispielsweise einzelne Formulierungen exakt so kommen sollten, wie du sie recherchiert und ausgearbeitet hast, dann schreibe dir diese Gedanken als ganze Sätze auf. Ob wir dadurch zu sehr zwischen Umgangssprache und Hochdeutsch hin und her wechseln? Die theoretische Gefahr besteht, jedoch kann daraus mit ein bisschen Übung eine lässige Gesamtkomposition entstehen.

Selbst wenn dieses Buch die freie Rede in den Mittelpunkt stellt und ich ein großer Anhänger dieser Kategorie bin, unterstreiche ich ganz klar, dass wir alle Varianten im Werkzeugkoffer haben sollten. Je nach Anlass und Situation entscheiden wir, was wir auspacken, um zu überzeugen.

Freie Rede oder Manuskriptrede

An Schulen, Ausbildungsstätten, in Wirtschaft oder hoher Politik führte ich schon zahlreiche Diskussionen über die Vor- und Nachteile der einen wie auch der anderen Herangehensweise bei Redeauftritten.

Unterm Strich waren wir uns meist einig darüber, dass die freie Rede die beste Form ist, um andere zu erreichen.

Aus der Geschichte: »I have a dream«

Martin Luther King, amerikanischer Pfarrer und Bürgerrechtler (er lebte von 1929 bis 1968), hielt am 28. August 1963, auf dem Höhepunkt seiner Popularität, seine weltberühmte Rede. 250.000 Menschen waren nach Washington D. C. gepilgert, um friedlich gegen Rassismus und Armut zu demonstrieren.

Eine Viertelmillion Menschen sind gekommen, um ihn zu hören. Seit Stunden steht die Menge vor dem Washington Memorial auf einem schattenlosen Platz. Ein Redner nach dem anderen tritt auf und wieder ab. Martin Luther King ist als Letzter an der Reihe. Er hat eine ausgeklügelte Rede in der Tasche. Sein Berater schärfte ihm ein, unbedingt auf jene Formulierung zu verzichten, die Pfarrer King in seinen Predigten so gerne verwendet: »I have a dream« – »Ich habe einen Traum«. Zu abgedroschen wirkt diese Formulierung. Dieser Augenblick ist historisch, darum muss auch seine Rede einzigartig sein.

Martin Luther King beginnt zu sprechen. Es ist ein Heimspiel, und er kann praktisch nicht verlieren. Trotzdem zündet seine Rede nicht. Seine Botschaft ist bedeutend, auf jede Formulierung kommt es an. Darum liest er den Text ab. 10 Minuten und 30 Sekunden sind vergangen. Die Sätze geschliffen und klar – doch der Funke springt nicht über. Eine Stimme aus dem Hintergrund ruft ihm leise zu: »Martin, tell' em about the dream« – »Martin, erzähl ihnen von deinem Traum«. Gerade hat King den Zuhörern den Missionsauftrag erteilt: »Geht zurück nach Mississippi, geht zurück nach South Carolina … .« Da ruft die Stimme noch einmal, jetzt lauter: »The dream, Martin!« Er reagiert in derselben Minute, löst sich vom Manuskript und ruft in die Menge: »I still have a dream.«

»Ich habe einen Traum, dass eines Tages auf den roten Hügeln von Georgia die Söhne früherer Sklaven und die Söhne früherer Sklavenhalter miteinander am Tisch der Brüderlichkeit sitzen können.« Was dann geschieht ist amerikanische Geschichte. King zündet ein rhetorisches Feuerwerk der freien Rede. Jetzt geht es nicht nur um das überzeugende Wort, das historische Zitat, die ergreifende Formulierung. Er nimmt das gesamte Publikum in seinen Blick und zieht 250.000 Menschen in seinen Bann. King saugt den Zwischenapplaus förmlich auf und nutzt ihn für die nächste Formulierung. Er nimmt Emotionen auf und gibt sie wieder zurück. Er hält keine Rede, er verkörpert sie.

Obwohl ich diese Geschichte schon lange kenne, berührt sie mich immer wieder auf besondere Art und Weise. Einerseits, weil das Thema Rassismus 2020 unverändert präsent ist, zeigen andererseits diese Beispiele, was das frei gesprochene Wort, gepaart mit Emotion und unserer Persönlichkeit, bewirken kann.

Wie stehe ich zu meinem Thema?

Entscheidend ist, dass ich dazu stehe, was ich sage. Fachvorträge halte ich dann, wenn das auch mein Thema ist. Bei Moderationen sind intensive Vorbereitung und Recherche eine entscheidende Voraussetzung, um erfolgreich zu sein. Andererseits ist darauf zu achten, dass Experten, die häufig zu gleichen oder sehr ähnlichen Themen referieren, manchmal ihren eigenen Vortrag nicht mehr hören können. Da wird die Routine zum Feind der Überzeugungskraft. Wie will ich Zuhörer für etwas gewinnen, von dem ich selbst gelangweilt bin? Gerade für Routiniers, die keinen Kick mehr spüren, ist entscheidend, eine Spannung aufzubauen. Somit wirkt jeder Auftritt wie die Premiere.

Ich vergleiche Redeauftritte sehr gerne mit guten Filmen oder mitreißenden Konzerten. So fesselt jeder James-Bond-Film schon zu Beginn die Zuseher mit viel Action. Es folgen zahlreiche Höhepunkte bis zum großen Finale, denn schließlich soll das Publikum wiederkehren oder das TV-Gerät auch beim nächsten 007 wieder einschalten. Ähnliches gilt für Konzerte unterschiedlicher Musikgenres. Die Kunst des Redens bietet dazu ebenfalls viele Möglichkeiten. Nutzen wir sie, denn Menschen lieben gute Geschichten. Storytelling wird in der Literatur, in Filmen, Fabeln, Märchen, im Journalismus und in der Rede eingesetzt. Auch im geschäftlichen Umfeld kommt es häufig vor, um Information und Emotion zu vermitteln und unserem Vortrag Leben einzuhauchen. Ich gehe sehr weit in die Praxis und zeige dir konkrete Instrumente, die dich aufgrund ihrer Wirkung und einfachen Handhabung verblüffen werden.

Praxistipp:

Langweilen wir niemals unser Publikum, fesseln wir es von Beginn an.

»Wie mir der Schnabel gewachsen ist« oder schönes Hochdeutsch?

Bei einer ausformulierten Manuskriptrede sind uns größtenteils die Hände gebunden. Unabhängig vom Teilnehmerkreis werde ich die Rede so vortragen müssen, wie sie geschrieben ist. Routiniers beherrschen es, zumindest einigen Begriffen die scharfen Ecken und Kanten zu nehmen. Ein bisschen Spracheinfärbung wird immer dabei sein. So klingt ein Nachrichtensprecher aus Wien anders als jener aus Köln.

Vor vielen Jahren hielt ich einen Rhetorik-Vortrag in Bad Radkersburg. Die überwiegende Zahl der Anwesenden kam aus der Wirtschaft. Ich stellte die Frage, ob Dialekt aus Sicht der Teilnehmer in der klassischen Rhetorik salonfähig sei. Ein junger Mann, akademisch gebildet, sagte: »Auf gar keinen Fall!« Aus seiner Sicht sei alles andere als ein gepflegtes Hochdeutsch bei einem offiziellen Auftritt unprofessionell. »Ich rede überall so, wie mir der Schnabel gewachsen ist«, erwiderte gleich darauf ein anderer Südoststeirer. Wer hat nun recht?

Praxistipp:

Obwohl ich ein sehr treuer Anhänger von Tradition samt dem dazugehörigen Dialekt bin, rate ich dringend davon ab, immer und überall bei Auftritten so zu sprechen, »wie einem der Schnabel gewachsen ist«.

Eine gepflegte Umgangssprache ist in vielen Fällen die ideale Lösung. Das bedeutet keinen Wechsel zwischen Hochsprache und Dialekt, sondern eine professionelle Zwischenstufe, wie sie bei guten Moderatoren zu hören ist.

Ein sehr lieber Verwandter wurde dazu einmal von einem privaten Fernsehsender darauf aufmerksam gemacht, dass bei der Ausstrahlung Untertitel eingeblendet werden, so er nicht »Deutsch« spricht. Er brachte das authentisch – und ohne Untertitel – hin.

Praxistipp:

Jeder Anwesende hat das Recht, dich zu verstehen. (Übereinstimmende Muttersprache vorausgesetzt)

Grundsätzlich gilt, die Sprache des Publikums zu sprechen. So erntete ich einst beispielsweise Kritik dafür, als einheimischer Obmann vor 100 Prozent einheimischem Publikum feines Hochdeutsch zu sprechen.

Da hätte eine gepflegte Umgangssprache wohl besser gepasst.

Praxistipp:

Öffnen wir jene Schublade, die wir benötigen. Bei vielen ist das oft die Umgangssprache. Da fühlen wir uns wohl und sicher. Sollten wir Hochdeutsch brauchen, so öffnen wir diese Lade. Selbstverständlich gilt dieser Ansatz auch umgekehrt.

Die freie Rede bietet alle Möglichkeiten, sich im eigenen sprachlichen Ausdruck auf das jeweilige Publikum einzustellen. Wie vieles, ist auch das eine Übungssache. Ich kenne sehr gute Moderatoren, die bei einem Kirchenkonzert eine andere Sprache sprechen als beim Frühschoppen im Bierzelt. Beide Male sind sie authentisch.

**Für alle, die noch Zweifel haben,
ein Beispiel aus dem Leben:**

Eine Stadt aus dem Norden Deutschlands pflegt seit vielen Jahren eine Partnerschaft zu einer südsteirischen Gemeinde. Ich durfte bei einem Treffen in den Weinbergen dabei sein. Aus drei großen Reisebussen stiegen rund 150 Gäste aus Niedersachsen. Im Rahmen des offiziellen Protokolls war der Bürgermeister am Wort, ein echter Südsteirer. Er spielte großartig auf der Klaviatur der Rhetorik, in einem stark klingenden und für alle gut verständlichen Hochdeutsch.

Besonders sympathisch wirkte seine Sprache durch die südsteirische Einfärbung. Jede Pointe saß, jede emotionale Geste und jedes Wort kamen, wie man es von ihm gewohnt war. Später im gemütlichen Teil äußerten sich zahlreiche Einheimische sehr positiv über den sicheren Auftritt ihres Bürgermeisters. Richtig stolz waren sie auf ihn, denn schließlich vertritt er, als erster Bürger der Gemeinde, die Bevölkerung gegenüber den auswärtigen Gästen. Und die hatten sowieso ihre Freude mit ihm. Auch wir werden das schaffen.

REDEGERÜSTE
MIT STRUKTUR ZUM ZIEL

Zahlreiche Persönlichkeiten, die ich auf ihrem Weg begleite, treffe ich nach Jahren wieder. Das allerschönste Feedback für mich ist, wenn jemand aus seiner Geldtasche oder Handyhülle ein Kärtchen, in der Größe einer Visitenkarte, holt und begeistert zu mir sagt: »Schau' mal, was ich hier noch immer bei mir trage!« Er verweist dabei auf ein Redegerüst, das ihm beste Dienste leistet und das er noch immer – für den Fall der Fälle – bei sich hat. Bei manchen schon etwas abgegriffen, haben viele diese Kärtchen, teilweise schon seit mehr als zehn Jahren bei sich. Darüber freue ich mich sehr. Was steht nun auf diesen geheimnisvollen Kärtchen?

Ich bin ein guter Zuhörer und Beobachter. Bei zahlreichen Rednern fällt mir auf, dass sie einzelne Abschnitte ihrer Ausführungen ausgezeichnet präsentieren, während sie andere Teile mittelmäßig bis unterirdisch umsetzen. Die Gründe dafür sind unterschiedlich. Die einen starten gut, holen das Publikum grandios ab, und verlieren es ganz plötzlich, schrittweise oder stufenlos wieder. Andere reden viel, ohne dabei etwas Konkretes zu sagen. Viele sprechen ohne Struktur und driften dabei vom Hundertsten ins Tausendste, haben keinen roten Faden oder vielleicht gar kein klares Ziel vor Augen. Manche haben mit dem Start ihre liebe Not. Klar, gerade dort ist die Nervosität am größten. Dass einige Passagen ihrer Reden möglicherweise genial waren, geht am Ende – in der Gesamtbeurteilung – leider unter. »Endlich vorüber«, denken sich viele gelangweilte Zuhörer.

Aus diesen Gründen konstruierte ich Redegerüste. Der Name »Gerüst« entstand aus meiner Überzeugung, dass wir Redner etwas brauchen, das uns Orientierung, Halt und damit Sicherheit gibt. Obwohl ich der Sohn eines erstklassigen Tischlers bin, bekam ich leider wenig handwerkliches Talent in die Wiege gelegt. Trotzdem fiel mir als Metapher dazu ein stabiles (Bau-) Gerüst ein. Eines, auf dem sich ein unroutinierter, noch etwas wackeliger Darsteller sicher fühlt und das auch einen erfahrenen Routinier dabei unterstützt, richtig stark zu werden. Reden hat mit Handwerk zu tun. Wir wünschen uns sicheres Auftreten wie der Maurer, Maler oder Zimmerer in luftiger Höhe.

Aus dem Leben:

Stell' dir vor, ein Arbeitskollege feiert nächste Woche seinen Vierziger. Dein Chef hat dich vor Tagen gebeten, als langjähriger Kollege und guter Freund des Jubilars, die Laudatio (Lobrede) zu halten. Natürlich könnte es ein Auftritt bei einer Hochzeit, einer Jubiläumsfeier oder einem anderen festlichen Anlass sein.

Da ich in meinem Leben gute und weniger begeisternde Reden gehalten habe, traue ich mich, mit ein bisschen Selbstironie, darüber zu scherzen, wie solche »Einheitsbrei-Geburtstagsreden« klingen:

Liebe Gäste!

Unser lieber Mathias feiert heute seinen Vierziger (als ob wir das nicht wüssten, sind wir doch gerade deshalb da; Anm.). *Wir bedanken uns sehr herzlich für die Einladung und sind selbstverständlich alle gerne gekommen, um diesen besonderen Anlass mit dir zu feiern, lieber Mathias. Schließlich wird man nicht alle Tage vierzig!* (So ein »rhetorisches Feuerwerk« werden nach mir vielleicht noch andere Festredner zünden; Anm.)

Beim Dreschen solcher Phrasen und Klischees wundern wir uns, dass der Block Ansprachen bei Festen, Feiern und Veranstaltungen meist nicht der ganz große Burner ist, wohl mehr Pflicht als Kür oder notwendiges Übel, bevor sich alle auf das Buffet stürzen. Wie klingt deine pointierte wie berührende, unterhaltsame wie konkrete, emotionale wie korrekte freie Rede in Zukunft?

Im ersten Redegerüst steht eine Person im Mittelpunkt:

1. Persönliche Beziehung

Starte mit einer Anekdote, die jenen Menschen charakterisiert, der heute im Mittelpunkt steht. Erzähle eine kurze Geschichte (Storytelling): »Es war einmal …«

Beispiel (zu unserer 40er-Feier):
Vor ziemlich genau 20 Jahren haben zwei junge Burschen hier in diesem Haus ihren Dienst angetreten. Servus, ich heiße Thomas, sagte der eine. Grüß dich, ich bin der Mathias, entgegnete der andere. Ja und nach diesem Beginn ist durch all die Jahre hindurch etwas Besonderes gewachsen – eine Freundschaft, so traue ich mich heute aus Überzeugung zu sagen.

Bei diesem Einstieg wird allen Anwesenden rasch klar, worum es geht. Auch andere Gäste werden Mathias wegen seiner liebenswürdigen Art schätzen, gute Kollegen oder gar seine Freunde sein. Zudem erklärt diese Geschichte, weshalb ich es bin, der heute die Laudatio hält. In den Köpfen der Anwesenden entstehen Bilder, und so soll es sein. Ach ja, noch etwas: Kein anderer Redner wird dir diese Story wegschnappen, da sie nur euch beide verbindet. Damit zauberst du in das Gesicht des Geburtstagskindes ein Lächeln, in sein Herz Erinnerungen, Emotionen und holst alle damit ab.

Selbstverständlich kannst du in einem Satz noch deine Freude über die heutige Feier in dieser Runde zum Ausdruck bringen und dich, als bekannt höflicher Mensch, gerne für die Einladung bedanken. Als Ergänzung ist das in Ordnung, jedoch als Hauptbotschaft hätte es zu wenig Substanz. Bitte beachte: Keinesfalls mit einer Endlos-Story verwechseln - unter dem Motto: »Kannst du dich noch an dieses und jenes erinnern?« Also kein langatmiges Aufwärmen alter Zeiten. Apropos Zeiten: Der Einstieg muss nicht aus der Vergangenheit stammen, er kann auch die Gegenwart betreffen.

2. Funktion/Rolle (Leistungen, Lob, Dank)

Sehr häufig wird in einer Laudatio vom Anfang bis zum Ende übertrieben gelobt und gedankt, dass sich die Balken biegen. Und zum Schluss: »Nochmals einen schönen Dank für alles!« Es gibt tatsächlich auch ein Zuviel, selbst bei Lobreden. »Was es wiegt, das hat's«, lautet ein alter Spruch. Der ist in diesem Fall nicht wörtlich zu nehmen, und es wird zu diesem Anlass auch nicht getadelt (außer pointiert, mit einem

Augenzwinkern, so es die Situation erlaubt). Teilweise kommt es zu maßlosen Übertreibungen, das meine ich mit diesem Hinweis.

Ich habe diesen Teil mit Funktion/Rolle (Leistungen, Lob, Dank) an die 2. Position gereiht. Bitte baue ein paar besondere Höhepunkte ein - lebendig, lustig, pointiert - denn schließlich weilt der Adressat glücklicherweise noch unter uns, das soll ebenso im Tonfall zu hören sein.

3. Privates aus seinem Leben

Dieser Teil fehlt in manchen Reden leider gänzlich, dabei ist er so gut geeignet, um Empathie zu zeigen und für Emotionen zu sorgen. Ob du den Einzug ins Traumhaus erwähnst oder das persönliche Familienglück. Das ist ein sehr sensibler Punkt und jedenfalls solltest du gut Bescheid wissen, um ja in kein Fettnäpfchen zu treten. Ebenso passen eine Passion oder ein Hobby des Geburtstagskindes bestens in diesen Abschnitt, aber das entscheidest du individuell. Fest steht jedenfalls, dass dies genau jene Punkte sind, die unter die Haut gehen, Freude bereiten und für viel Emotion sorgen werden. Richtig gut war es dann, wenn er sich mächtig freut und bei diesem Abschnitt eine Gänsehaut bekommt.

4. Die guten Wünsche

Drei individuelle Wünsche sind hier das ideale Maß. Nicht zwei, vier oder mehr. Mit drei erzielst du rhetorisch die stärkste Wirkung und bist damit ganz klar fokussiert auf den Abschluss. Mit dem dritten Wunsch überschreiten wir die gedachte Ziellinie, danach kommt nichts mehr, mit Ausnahme eines Händedrucks und der Überreichung eines Geschenks.

Bitte bereite das Finale nach Möglichkeit gut vor. Die Gefahr lauert dort, dass du nach Gesundheit, Glück, Erfolg und Schaffenskraft in eine Endlos-Spirale eintauchst und schließlich wieder bei Phase 2 oder 3 landest. Ach ja, da warst du vor ein paar Minuten schon. Darum unterstreichst du das mit den Worten: »... und wie schon gesagt ...«. Spätestens jetzt denken sich die Anwesenden: »Schau, dass du endlich zum Schluss kommst!« Unterm Strich hast du dich damit um den wahren Erfolg gebracht, denn jede Rede soll ein richtiger Kracher sein. Das Publikum soll denken: »Schon aus? Schade!«

Was hat es nun mit dem erwähnten Kärtchen auf sich?

Vor vielen Jahren zeichnete ich dieses Redegerüst für eine Teilnehmerin im Rahmen eines Rhetorik-Einzeltrainings an ein Flipchart. Sie war begeistert, wie einfach und praxistauglich dieses Werkzeug ist. Zu Beginn der nächsten Einheit zückte sie ein Visitenkärtchen und sagte: »Ich habe mir deine Zeichnung verkleinert und auf eine Karte gedruckt, denn die kann ich in meine Geldbörse geben. So werde ich immer wieder daran erinnert und präge mir das mit der Zeit gut ein.« Seit damals bekommen die Teilnehmer in Gruppen- und Einzeltrainings zu meinen Redegerüsten jeweils ein

Kärtchen als Merkhilfe mit auf ihren Weg. Im Finale eines Seminarwochenendes in Mödling meinte einst eine Teilnehmerin in ihrer Schlussrede: »Unglaublich, wie ein paar so simple Kärtchen für dermaßen viel Aufsehen sorgen können!«

Beim zweiten Redegerüst geht es um ein Projekt

Aus dem Leben:

Der örtliche Musikverein wurde neu eingekleidet. Da der Klangkörper aus 50 Personen besteht, mussten rund 70.000 Euro investiert werden. Eine schöne Summe, die mit vereinten Kräften aufgestellt werden konnte.

Nun ist der Tag gekommen, an dem die Musikkapelle erstmals im Rahmen eines großen Festaktes die neue Tracht der Öffentlichkeit präsentiert. Der Obmann ist sehr stolz auf sein Projekt. Er ist es auch, der vor zahlreichen Ehrengästen und hunderten Besuchern die Festrede halten darf.

Wieder erlaube ich mir, zuerst uns Redner ein bisschen auf die Schaufel zu nehmen. Meist klingt das so:

Geschätzte …

Der Petrus meint es gut mit uns, und so dürfen wir heute, bei Kaiserwetter, in diesem prachtvollen Ambiente unseres Parks ein besonderes Ereignis feiern. Unser Großprojekt, die komplette Neueinkleidung unserer Musikkapelle, konnte erfolgreich über die Bühne gebracht werden. Rund 70.000 Euro mussten wir in die Hand nehmen, aber wie ich meine, geschätzte Damen und Herren, war es eine gute Investition. Schließlich ist unser Verein der Kulturträger Nr. 1 in unserer Gemeinde. Ermöglicht wurde dies alles …

Mit dem folgenden Redegerüst holen wir die Leute viel besser ab, da wir ihnen erzählen, weshalb dieser Schritt notwendig war. Menschen lieben Geschichten. Übrigens tun wir uns mit dieser Grundstruktur auch in der Vorbereitung sehr leicht, da wir geordnet nachdenken.

Mit einem Projekt im Mittelpunkt sieht das Redegerüst wie folgt aus:

1. Der Bedarf und/oder die Idee

Wir bleiben beim Beispiel der Neueinkleidung des Musikvereins:

Im Jahre 1972 bekam der Musikverein die Erzherzog-Johann-Tracht. Damals zählte unser Klangkörper 23 Männer. Vielleicht denken sich jetzt einige ältere Persönlichkeiten: Unfassbar - beinahe ein halbes Jahrhundert ist das schon her. Wie schnell doch die Zeit vergeht! Ja, wir haben tatsächlich gut aufgepasst, schön geschaut auf unser Gewand, es gereinigt, ergänzt und repariert. Heute zählt unser Verein 50 Mitglieder, darunter 25 Frauen und Mädchen. Sie können sich wahrscheinlich gut vorstellen, dass es höchst an der Zeit war - nach 50 Jahren - diesen wichtigen Zukunftsschritt einer Neueinkleidung zu setzen.

Wo genau liegt nun der Unterschied? Bei jener Variante, die mit dem Hl. Petrus und dem Kaiserwetter beginnt, werden wiederum Klischees bedient. Grundsätzlich okay, aber – rein rhetorisch betrachtet – abgedroschen. Abgesehen davon falle ich zu sehr mit der Tür ins Haus. Nicht alle Anwesenden zeigen Verständnis dafür, dass es notwendig war, so viel Geld auszugeben. Auch über den Kulturträger Nr. 1 lässt sich, aus Sicht des Kirchenchors zumindest, streiten. Hätte der Obmann in weiterer Folge noch erklärt, wie wichtig das war, weil ... wäre er in die Defensive geraten und wohl nur schlecht aus dieser Ecke herausgekommen.

Beim Beispiel mit dem Redegerüst, wo der Redner mit einer Story über den Bedarf startet, sieht die Sache gleich ganz anders aus. Er holt sein Publikum ab, indem er den Bogen spannt in jene Zeit, als zuletzt Geld für ein vergleichbares Projekt ausgegeben wurde. Er spielt klug mit 50 Jahre = ein halbes Jahrhundert, danach stellt er die 23 Männer von damals den 50 Mitgliedern von heute – darunter 25 Mädchen und Frauen – gegenüber. Das kommt einer Verdoppelung der Personenanzahl gleich und streicht die Investition in die Jugend heraus. Ganz geschickt erwähnt er im Anschluss, »dass wir alles getan haben, um die Kleidung in Schuss zu halten«. Er liefert mit diesem Einstieg sowohl sachlich als auch emotional reichlich Gründe, den Leuten bereits vorweg das Warum für dieses Projekt unaufgefordert plausibel zu machen. So nimmt er sie gedanklich mit auf die Reise.

70.000 Euro sind noch immer 70.000 Euro, klar. Jedoch ist die Summe plötzlich zumindest zweitrangig geworden, denn schließlich war es höchste Zeit, nach fünf Jahrzehnten, endlich wieder in eine schöne Tracht zu investieren. »Und so viele Junge sind dabei!«, denkt mancher Gönner der Musik, ehe er nochmals den einen oder anderen Euro in den Spendenkorb legt. Selbstverständlich wird sich der Obmann in weiterer Folge noch herzlich bei all jenen bedanken, die das ermöglicht haben, und ihnen erklären, dass dieses Projekt ohne ihre Großzügigkeit niemals realisierbar gewesen wäre. Manipulation? Niemals – mit Struktur zum Ziel heißt das in der Rhetorik. Mit Ziel ist nicht nur das Ende der Rede gemeint, versteht sich.

Da davon auszugehen ist, dass es zu jedem Projekt auch einen Bedarf gibt, empfehle ich, auf jeden Fall mit diesem zu beginnen. Das trifft auf den Firmenchef ebenso zu wie auf den Bürgermeister deiner Gemeinde, der eben einige Millionen Euro in den Um- und Neubau der Volksschule investiert hat. Auch das kann entweder als Wahnsinn oder als beste Zukunftsinvestition aller Zeiten bewertet werden.

2. Entstehung/Geschichte

Nun beginnt die Phase 2 unserer Rede, in der es um die Entstehung/Geschichte des Projekts geht. Es ist u. a. darauf zu achten, dass wir unsere Zuhörer, die wir gut abholen, auch bei uns behalten. Wichtig ist, »ZDF« (Zahlen, Daten, Fakten) verständlich darzustellen und – so es mehrere Redner auf der Liste gibt – sicherzustellen, dass nichts mehrfach transportiert wird. Schließlich ist es unverschämt, wenn alle dasselbe erzählen und zu allem Überfluss noch ergänzen: »Wie Herr XY bereits gesagt hat …«. Spätestens jetzt behaupte ich, es war purer Vorsatz, uns zu langweilen.

Bei großen Bauprojekten besteht tatsächlich die Gefahr, dass die einzelnen Redner beispielsweise zu sehr auf technische Details eingehen. Das soll der Architekt oder der Bautechniker präsentieren. Der Firmenchef und der Politiker bleiben besser auf ihrer jeweiligen Ebene. Es lässt sich ohne großen Aufwand vorab abstimmen, wer worüber sprechen wird. Profitieren werden am Ende alle davon, und das Publikum wird es uns danken.

3. Dank (an Verantwortliche, Ausführende und vor allem an die »kleinen Rollen« denken)

Häufig werde ich gefragt, ob hier die Sicherheitsvariante in Ordnung ist. Damit ist gemeint, sich eher pauschal zu bedanken, da man sonst nie weiß, wo anfangen und wo aufhören, oder die Gefahr besteht, jemanden zu vergessen. Meine Antwort in den Seminaren dazu lautet: »Nein, bitte nicht pauschal drüberwischen!« Klar ist die Gefahr gegeben, einige persönlich vor den Vorhang zu holen und andere nicht. Die Regel ist einfach: Überlege im Vorfeld, vielleicht gemeinsam mit einem vertrauten Insider, wer (intern und extern) besonders herausragt. Bei aller Wertschätzung gegenüber den ausführenden Firmen und Geschäftspartnern, die das alles höchstwahrscheinlich nicht ehrenamtlich machen, wie auch den verantwortlichen Politikern und

Sponsoren, geht es mir vor allem um jene, die im Hintergrund einen super Job machen. Ich erinnere mich an ein Beispiel, als der Chef einer Einsatzorganisation seinen Blick auf fünf Frauen richtete, alle beim Vornamen ansprach, verbunden mit einem herzlichen Dankeschön dafür, dass die Genannten während der gesamten Bauphase für Speis' und Trank gesorgt hatten. Der ganze Saal feierte die fünf frenetisch. Ich dachte mir: »Wow, genial gemacht!« Ein Selbstversuch dazu ist einfach: Du weißt ganz genau, dass du dich Tag und Nacht – das kann auch in der Firma sein – in eine Sache einbringst, viel Wissen, Leidenschaft und vielleicht sogar Freizeit investierst. Dann kommt der große Tag, der Chef steht vorne und sagt – um nur ja nichts falsch zu machen – dass sein Dank den vielen helfenden Händen gilt, ohne die das nicht möglich gewesen wäre. Vielleicht betont er sogar noch, dass es den Rahmen sprengen würde, einzelne Personen besonders hervorzuheben. Wie ginge es dir wohl in diesem Augenblick, und wie sehr würde es dich motivieren, dich beim nächsten Mal wieder so einzusetzen? Ich weiß, auch ich sage häufig: »Ich brauche das nicht!« Gut tut es trotzdem, und du hast es dir verdient.

4. Handlungsappell (kurz und knackig)

Das Finale ist eine sehr entscheidende Phase. Bitte denken wir daran, besser ein etwas plötzliches Ende als ein zu langes Hinauszögern, sich zu wiederholen oder in die Endlosschleife einzutauchen. Die unverschämtesten Redner sind die, die sagen: »Und zum Schluss möchte ich darauf hinweisen … Bitte lassen Sie mich abschließend noch betonen ... Ganz zum Schluss, geschätzte Damen und Herren, ist mir wichtig zu erwähnen ...« Ja, ich weiß, das hören wir häufig, es ist rhetorisch aber völlig daneben.

Was konkret ist nun ein Handlungsappell? Ich schließe mein Beispiel ab, mit dem ich dieses Redegerüst begonnen habe. Es war jenes mit der Neueinkleidung der Musikkapelle.

Tragen wir diese Tracht viele Jahre mit Stolz und Freude. Hoffen wir, dass wir zahlreiche so schöne Feste feiern können wie das heutige; wir versprechen, wieder ein halbes Jahrhundert gut darauf aufzupassen.

An dieser Stelle ist mir wichtig zu erwähnen, dass die Redegerüste nichts über die absolute Länge der Rede oder über die Redezeit aussagen. An diesen Reglern sitzen primär wir als Akteure höchstpersönlich.

Stelle dir dazu ein paar einfache Fragen:

- Was ist meine Rolle?
- Wie lautet mein Auftrag?
- Wie ist der Rahmen?

Natürlich habe ich wieder ein krasses Beispiel als Antwort: Es ist mitten im Juli, der Festakt auf dem Sportplatz bei sengender Hitze dauert bereits über eine Stunde. Meine Mission lautet: Grußworte überbringen. Wenn ich dann zehn Minuten oder gar noch länger die Leute quäle, dann habe ich beim »Kleinen 1x1 der Rhetorik« nicht aufgepasst. Falls doch (aufgepasst), nehme ich mich möglicherweise nur viel zu wichtig.

Das beliebteste Redegerüst ist jenes für Situationen, da dieses in der Praxis täglich einsetzbar ist. Funktioniert selbstverständlich auch in der freien Rede. Tagtäglich stehen wir vor unterschiedlichen Herausforderungen. Vielleicht ist es uns ein Bedürfnis, unsere Meinung zu sagen oder werden gar von anderen dazu aufgefordert, uns zu äußern, Feedback zu geben oder Ideen zu liefern. Als lösungsorientierte Menschen versuchen wir sehr oft – wie es heißt – nicht Teil des Problems, sondern Teil der Lösung zu sein. »Großartig!«, wie mein guter alter Chef immer meinte, wenn wir Verkäufer mit Kritik wieder zu freigiebig waren: »Wer von euch hat eine Idee oder einen Vorschlag, was wir besser machen können? Niemand – dann denkt nächstes Mal zuerst darüber nach, bevor ihr erklärt, was alles nicht passt oder geht!« Was aber, wenn wir eine super Idee oder einen Lösungsvorschlag einbringen und trotzdem damit abblitzen?

Aus dem Leben:

Heute um 9 Uhr findet in der Firma eine Besprechung statt. Auf der Agenda steht unter anderem die Gestaltung unseres Messestandes für eine große, internationale Leistungsschau. Ein Mitarbeiter, nennen wir ihn Markus, beschäftigt sich schon über einen längeren Zeitraum mit diesem Thema und kommt gut vorbereitet mit einer, wie er überzeugt ist, genialen Idee ins Meeting. Er ist höflich und charmant, lässt zuerst den Chef und andere Kollegen ausreden, ehe er sich mit seinem grandiosen Vorschlag, sehr motiviert und positiv, zu Wort meldet: *Zum Thema Messestand,* legt er los, *hatte ich vor einiger Zeit beim Laufen einen Einfall. Ich bin schon sehr gespannt, was ihr dazu sagen werdet. Und zwar könnten wir künftig unseren Messestand komplett anders aufbauen. Wir verlegen den Bewirtungsbereich in den Hintergrund, grenzen diesen räumlich ab, installieren eine Ausschank mit einigen Stehtischen und Hockern. Damit gestalten wir ein gemütliches Ambiente für unsere Kunden. Der Nutzen ist vor allem jener, dass der Bewirtungsbereich vom Beratungsareal abgetrennt ist, was endlich eine saubere Linie hineinbringen würde. Zudem – lieber Chef – sparen wir richtig Geld damit, da wir somit nicht »alle Welt« mit Freibier versorgen müssen, wenn vorne die Massen täglich von früh bis spät unseren Stand stürmen. Was meint ihr dazu?*

Markus blickt erwartungsvoll in die Runde. Wie viel Begeisterung wird er für seine Idee ernten? »Würde ich nicht machen«, entgegnet der erste Kollege. »Du bist noch nicht so lange dabei, lieber Markus, und kannst daher nicht wissen, wie sehr unsere Besucher es schätzen, vorne am Prospektstand bereits mit Bier versorgt zu werden«, setzt er fort. Ein anderer Kollege stimmt mit ein: »Ja, genau so sehe ich das auch! Außerdem – so viel Platz haben wir gar nicht, um sogar noch ein eigenes Gasthaus auf dem Messestand zu bauen«, kontert der nächste und hat damit gleich die Lacher auf seiner Seite.

In dieser Tonart geht es weiter. Markus versucht noch seinen Vorschlag zu verteidigen, er muss jedoch bald erkennen, chancenlos zu sein.

Der Chef, ja der Big Boss, spricht ein Machtwort in Form eines super Kompromisses. Er notiert den Vorschlag und bedankt sich bei Markus für die sensationelle Idee. »Für heuer haben wir das nicht im Budget, nächstes Jahr sprechen wir dann früh genug nochmals darüber«, sagt er und geht zum folgenden Tagesordnungspunkt über.

Auf den ersten Blick klang Markus' Herangehensweise ganz okay. Er war gut vorbereitet, rhetorisch stark, charmant, höflich, zielorientiert und sein Lösungsvorschlag hatte einiges an Nutzen mit dabei (saubere Trennung, wir sparen Geld ...), trotzdem wollte seinen Vorschlag niemand. Ich frage dich, warum?

Wir alle haben zu einzelnen Situationen im Leben unterschiedliche Zugänge oder ganz einfach einen anderen Wissensstand. Markus hatte offenbar einen Vorsprung, da er vielleicht der Einzige war, der sich mit dem Thema im Vorfeld schon intensiv beschäftigt hatte. In anderen Situationen hat möglicherweise der Chef einen Wissensvorsprung, weil er in seiner Position mehr Informationen als seine Mitarbeiter hat. Ein nächstes Mal weißt du mehr als ich oder umgekehrt.

Redegerüst für Situationen:

Auch bei diesem Redegerüst lautet die Überschrift: Mit Struktur zum Ziel. Überlegen wir uns vorab daher unser Ziel bzw. unsere Ziele. Danach nehmen wir unsere(n) Gesprächspartner mit auf die Reise.

1. Istzustand/Status quo (Fakten, Ausgangslage)

Hole dein Publikum ab, beschreibe den Istzustand/Status quo und mache damit dein Gegenüber (geht auch mit Einzelpersonen) mit der Ausgangslage vertraut sowie den Handlungsbedarf möglichst gut sichtbar.

Auf ein Neues, lieber Markus:

Die meisten von euch erinnern sich wahrscheinlich an folgende Situation: Die Messebesucher bekommen vorne beim Infostand auch die Getränke. Sie nehmen ihr Glas und stellen es irgendwo ab. Kotflügel der Traktoren sind dazu bestens geeignet. Später fällt ein Glas mit Rotwein auf den Boden.

Wir erinnern uns, was es heißt, den hellgrauen Teppich für den nächsten Tag wieder sauber zu bekommen. Meist haben wir bis spät am Abend geputzt.

Welcher Film läuft nun in den Köpfen wohl ab? Die Chance ist groß, dass einige die Lage sofort checken, den Handlungsbedarf erkennen und sich idealerweise denken, da braucht es eine Verbesserung.

2. Stellungnahme/Meinung

Jetzt liegt es an dir – hier gesellt sich ein bisschen Taktik dazu – ob du mit einer Frage weitermachst: »Wie seht ihr das?« oder »Was sagt ihr dazu?« Einerseits besteht dann die Gefahr, dass wir endlos diskutieren und nach einiger Zeit erkennen, den roten Faden verloren zu haben, andererseits birgt diese Vorgehensweise die Chance, die Anwesenden in die Lösungsfindung einzubinden. Vielleicht hat jemand eine Idee, die besser ist als deine (die derzeit noch im Köcher schlummert). Schließlich heißt es »Mit Struktur zum Ziel«. Es geht also darum, das Ziel zu erreichen und nicht um das Rechthaben um jeden Preis. Dazu erlaube ich mir die Randnotiz, dass wir gerne andere Ideen annehmen können, auch und vor allem dann, wenn wir vielleicht selbst gedanklich auf dem Holzweg sind. Kommt jedoch von den Kollegen kein Lösungsansatz, rein gar nichts Verwertbares, dann kannst du selbstverständlich deinen Vorschlag auf dem Silbertablett servieren und dich jetzt so richtig feiern lassen.

Solltest du – situationsbezogen – die Phase 2 besser überspringen wollen, um ohne Diskussion vorwärts zu kommen, dann ist das auch in Ordnung. Zielstrebig gehen wir weiter zu Phase 3.

3. Idee/Lösungsvorschlag (Jetzt passt der Lösungsvorschlag)

Ich hatte vor einiger Zeit beim Laufen eine Idee: Und zwar könnten wir künftig unseren Messestand komplett anders aufbauen. Wir verlegen den Bewirtungsbereich in den Hintergrund, grenzen diesen räumlich ab und installieren eine Ausschank, mit einigen Stehtischen und Hockern. Damit gestalten wir ein gemütliches Ambiente für unsere Kunden. Der Nutzen ist vor allem jener, dass der Bewirtungsbereich vom Beratungsareal abgetrennt ist, was endlich eine saubere Linie hineinbringen würde. Zudem – lieber Chef – sparen wir richtig Geld damit, da wir jetzt nicht »alle Welt« mit Freibier versorgen müssen, die vorne von morgens bis abends den Stand stürmt.

Jetzt ist der gleiche Inhalt, nur anders eingesetzt, eine Punktlandung. Wichtig ist in diesem Augenblick, dass wir auch den Sack zumachen und zielorientiert zu Phase 4 gehen.

4. Appell/Umsetzung (Was? Wer? Wann?)

Dranbleiben ist jetzt angesagt. Häufig wird, auch nach konstruktiven Diskussionen mit viel Lösungsorientierung zu diesem Zeitpunkt viel zu schwammig Resümee gezogen: »Super Ideen, danke für euer tolles Engagement. Dann würde ich sagen, schauen wir mal und in zwei Wochen kommen wir eh wieder zusammen.«

»Schauen wir mal, dann sehen wir schon«, ist kein gutes Motto. Erwischt? Wie oft haben wir diesen Spruch schon gehört oder selbst in Sitzungen wie auch in privaten oder beruflichen Zweiergesprächen verwendet?

Bitte konsequent abschließen – z. B. so: *Packen wir es an! Ihr werdet sehen, das funktioniert. Wenn das für euch okay ist, dann schlage ich vor, wir machen gleich einen Maßnahmenplan, so schaffen wir das.*

Klar kann es Fragen, vielleicht Einwände und Diskussionsstoff geben. Möglicherweise ergibt eine Detailplanung, dass die Sache aus budgetären oder anderen Gründen derzeit nicht umsetzbar ist. Selbst das ist unter den gegebenen Umständen zu akzeptieren. Auf jeden Fall steht eines fest, meine Story hat so viel mehr Struktur bekommen oder wie Teilnehmer in Seminaren häufig sagen: »Ja, das hat tatsächlich Hand und Fuß.« Gleichzeitig nehme ich an dieser Stelle immer so etwas wie einen Seufzer wahr: »Wie simpel ist das denn! Wieso fällt mir so etwas nicht selbst ein?« Ich entgegne dann in meiner einfachen, rustikalen Ennstaler Art und sage: »Blödsinn! Ihr macht das doch so. Vielleicht nicht immer, aber neu ist das wirklich nicht, oder?«

Somit sind wir beim Schlüssel dieses Buches und unserer Seminare. Werkzeuge und Theorien sollen einfach anwendbar sein. Was hilft es, wenn wir komplexe, theoretische Anleitungen des Fachbereichs Rhetorik zwar verstehen, jedoch niemals in der Lage sein werden, diese gerade jetzt (nicht erst am Abend auf der Couch) parat zu haben, um sie erfolgreich einzusetzen.

Die Instrumente kommen aus der Praxis, sind für die Praxis

- einfach zu verstehen
- einfach zu merken und
- einfach anzuwenden.

Nun wird endgültig klar, was es mit den Kärtchen auf sich hat. Wenn ich das immer wieder in meiner Geldbörse sehe – ohne danach zu suchen – werde ich daran erinnert und präge mir diese simple Anleitung rasch ein.

Halten wir für einen kurzen Moment inne und blicken in den gedachten Spiegel. Du wirst erkennen, dass du es ja genau oder beinahe so machst. Vielleicht gehörst du zur Kategorie, die zuerst ordentlich die Meinung sagt (Abschnitt 2) und danach eine Lösung präsentiert. Natürlich kann es dann sein, dass sich andere über deine subjektive Beurteilung der Lage ärgern, in der Folge emotional kontern oder gar nicht mehr zuhören. Oder du gehörst, wie viele, zu jenen, die es nicht erwarten können, ihre Idee vorzubringen und daher zu schnell mit der Tür ins Haus fallen. In beiden Fällen lautet die Empfehlung: Starte bitte bei 1, beim Istzustand, der Rest bleibt unverändert und es funktioniert.

Manche erwischen sich in der Selbstbetrachtung dabei, dass sie fast alles so machen wie gerade erklärt, jedoch bei Phase 4 möglicherweise zu oberflächlich oder zu wenig konsequent sind. Mein Tipp: Bleibe hartnäckig, auch wenn du einfacher Sitzungsteilnehmer oder Gesprächspartner bist, und fordere eine konkrete Entscheidung, am besten mit Verbindlichkeit zur Umsetzung, ein.

Das war nun ein wichtiger Ausflug in die Gesprächsrhetorik. Fest steht, dass du dieses Redegerüst auch für jene Referate, Vorträge oder freie Reden verwenden kannst, wo es gilt, ein Publikum abzuholen, mitzunehmen auf die Reise und gut ins Ziel zu bringen. Probier es aus, du wirst sehen, es klappt großartig.

Ach – deine Lebenspartnerin beherrscht das perfekt, ohne dieses Buch gelesen oder unsere Seminare besucht zu haben? Ja, du hast recht, auch ich beobachte das zuhause. Niemals würde meine liebste Frau zu mir sagen: »Schatz, ich hätte gerne auf der Terrasse neue Gartenmöbel. Ich habe dazu schon was entdeckt, die haben da eine Aktion, diese Garnitur kostet jetzt nur ...« Würde sie es so ungeschickt anpacken, wäre das tollste Schnäppchen auf jeden Fall zu teuer und unser altes Zeug immer noch gut genug. Wie macht es meine Frau? Vielleicht so? Sie beschreibt zunächst den Istzustand, erwähnt wie viel Raum doch diese Terrasse bietet, da hätten bei Bedarf locker 15 bis 20 Leute Platz. In meinem Kopfkino entstehen währenddessen erste Bilder vom Outdoor-BBQ-Master mit den saftigen

Rinderfilets, Familie und liebe Freunde sitzen bei einem kühlen Weißbier. Wow, wie schön das wäre, denke ich gerade. Dezent in Wunden wühlend erwähnt mein Schatz noch, dass wir heuer wegen COVID-19 das gesamte restliche Jahr über unsere Urlaube wohl eher daheim im Garten verbringen werden müssen. Ach ja, so und so viele Euro hatten wir im Übrigen 2019 in unsere Auslandsurlaube investiert, streut sie im Vorbeigehen, gut dosiert, ein. Ja, richtig geraten - den Katalog mit dem ursprünglichen Schnäppchen braucht sie mir jetzt nicht mehr unter die Nase zu halten. Ich, jawohl ich persönlich, schlage meiner lieben Frau nun vor, wir bestellen, bei einem heimischen Betrieb versteht sich, das lässigste Terrassenmobiliar, welches dieser Händler unseres Vertrauens jemals an Privatkunden geliefert hat. Dass wir somit wieder über Jahre Ruhe hätten und außerdem heute noch niemand sagen kann, wie es mit Reisen in Hinkunft überhaupt aussehen wird, darin sind wir uns einig. Schließlich soll im Finale kein schlechtes Gewissen aufkommen, wo wir gemeinsam gerade entschieden haben, dermaßen viel Geld für exklusive Gartenmöbel und – versteht sich – für den neuen Outdoor-BBQ-Master in die Hand zu nehmen.

Das ist simple Rhetorik, gepaart mit ein bisschen Taktik und dem Wissen, wie der andere »tickt«. Wenn mir meine liebe Manuela auch noch das Gefühl gibt, meine Idee sei großartig, ja dann sind wir beide glücklich, im und am Ziel. Was wollen wir mehr?

Wir stehen jetzt bei drei, grundsätzlich sehr verschiedenen Redegerüsten und doch haben sie vieles gemeinsam, wie du längst bemerkt hast. Der wesentliche Unterschied liegt beim Mittelpunkt. Geht es beim ersten Gerüst um eine Person, dreht sich die Story bei der zweiten Struktur um ein Projekt und beim zuletzt beschriebenen um eine Situation.

Vollkommen ident sind:

- Es geht bei allen Redegerüsten um Struktur.
- Wir haben einen Mittelpunkt und vier Phasen.
- Zu Beginn holen wir die Leute ab.
- Jede Säule bringt Impulse zu originellen, wirkungsvollen Formulierungen.
- Eine Punktlandung zum Schluss.

Bitte stelle dir den Schluss vor wie ein Skirennen. Auch die letzten Meter können rennentscheidend sein. Noch alles rausgeholt im Finale oder, nach einem Top-Lauf, vielleicht ein Einfädler beim allerletzten Tor. Wie ärgerlich ist das! Übertragen auf unsere Redeauftritte heißt das: Bitte konzentriere dich bis zur gedachten Ziellinie, überschreite diese entschlossen – das war's! Jetzt gibt es kein Zurück! Der häufigste Fehler ist, dass der Redner mit den Worten »Ach ja, was ich beinahe vergessen habe, …« erneut startet, obwohl er längst im Ziel steht. Selbstverständlich kann passieren, dass ich etwas vergesse, sorry, aber in den meisten Fällen ist es jetzt zu spät und die Chance ist vorbei.

Vielleicht war es gar nicht so wichtig, falls doch – ein entscheidender Tipp: Nächstes Mal besser vorbereiten. Setze dir dazu deine Anker oder Bojen. Zu dieser großartigen Technik kommen wir noch, präge sie dir gut ein und es läuft, vom Start bis ins Ziel.

Apropos vorbereiten: Zahlreiche Redner, die diese Gerüste bereits in Fleisch und Blut haben, berichten immer wieder, dass sie in der Vorbereitung dadurch um vieles schneller geworden sind. Das stimmt! Wir werden durch die strukturierte Vorgehensweise deutlich effizienter. Wer hat schon Zeit im Übermaß, um sich stundenlang vorzubereiten? Wir holen uns das passende Redegerüst vor unser geistiges Auge oder nehmen das Kärtchen zur Hand, setzen uns hin oder befüllen das Gerüst bei einem Spaziergang, beim Laufen oder bei der Gartenarbeit. Dachten wir bisher kreuz und quer, so stellen wir uns heute die vier Phasen vor und bilden Schritt für Schritt unsere Inhalte.

Ich kann es kaum erwarten, dir das nächste Redegerüst vorzustellen. Hier werden sich all jene finden, die bei unterschiedlichen Veranstaltungen Grußworte zu sprechen haben, oder jene, die als Zuhörer leicht ungeduldig werden. Ob du Ehrengast bei einer Firmenfeier eines Geschäftspartners, bei der örtlichen Feuerwehr, Musikkapelle oder dem Sportverein bist, es ist immer eine Herausforderung, 99 Prozent der Zeit in der Passivrolle zu sein, dann aber für ein bis zwei Minuten den Schalter umzukippen, um was Gescheites von sich zu geben.

Aus dem Leben:

Ein Gemeindevertreter ist als Ehrengast bei der Wehrversammlung der örtlichen Feuerwehr geladen. Nach der Eröffnung und Begrüßung durch den Vorsitzenden folgen zahlreiche Tagesordnungspunkte, es geht schließlich um das gesamte abgelaufene Feuerwehrjahr. Es werden Auszeichnungen und Ehrungen an verdiente Kameraden verliehen und nach rund zwei bis zweieinhalb Stunden nähern wir uns in Riesenschritten dem Finale. Doch geht so ein Ereignis bekanntlich nicht ohne die Grußworte der Ehrengäste zu Ende. Die Vorfreude auf das Sitzungsende ist groß, es ist inzwischen 22 Uhr geworden. Die Extrastube beim Dorfwirt ist für 60 Personen viel zu klein, unerträglich warm und die Luft ist stickig.

Ehe wir im Anschluss zum Redegerüst für Vereine/ Organisationen kommen, brauchen wir zuvor wieder ein Opfer. Auch mich hat es schon erwischt, keine Frage, sonst würde ich es nicht wagen, uns Redner erneut zu tadeln:

Hohe Versammlung,
Herr Hauptbrandinspektor,
Herr Oberbrandinspektor,
Herr Oberbrandrat,
sehr geehrte Ehrendienstgrade und Ehrenmitglieder,
hochwürdiger Herr Pfarrer,
werter Herr Tourismusvorsitzender,
geschätzte Ehrengäste,
und – nicht zu vergessen – die Wichtigsten:
liebe Kameraden,
liebe Feuerwehrjugend!
(Das war erst die Anrede!)

Als Vertreter unseres Herrn Bürgermeisters, der sich aus Termingründen entschuldigen lässt – er verhandelt dieser Tage gerade in der Landeshauptstadt wichtige Großprojekte und wird in der nächsten Gemeindezeitung darüber berichten - bedanke ich mich herzlich für die Einladung und überbringe die besten Grüße der Gemeinde. Ich möchte zum Ausdruck bringen, dass ich dieser Einladung sehr gerne Folge geleistet habe und mit großer Freude dieser Versammlung beiwohne. Ich werde mich kurzfassen, das verspreche ich Ihnen, geschätzte Damen und Herren, schließlich ist es sehr spät und geredet wurde ohnehin bereits sehr viel. Ja – und wie erwähnt – es wäre normal ja der Bürgermeister persönlich da, der jedoch in Graz weilt. Daher werde ich es sein, mit dem Sie vorliebnehmen müssen, hochgeschätzte Kameraden, nicht zu vergessen, liebe Jugend. Ja, die Jugend, ganz wichtig, sie ist unsere Zukunft, das sage ich aus voller Überzeugung. Wie erwähnt, fasse ich mich ganz kurz, denn in der Kürze liegt bekanntlich die Würze. Ich weiß ja, wie es mir selbst immer geht, wenn ich einer Versammlung beiwohnen muss, wo manche Politiker sich gerne reden hören und in ihren Grußworten kein Ende finden. Daher komme ich nun bereits zum Wesentlichen. In der Einladung steht, das erlauben Sie mir ganz zu Beginn meiner Ausführungen noch zu betonen, es ist dies heute die 144. Wehrversammlung der Freiwilligen Feuerwehr. Eine lange Geschichte, fast eineinhalb Jahrhunderte, auf die ich in meiner Rede natürlich nicht im Detail eingehen werde (Dabei lacht er selbst aus vollem Hals und als einziger über diese Mega-Pointe, die er als Eisbrecher für den Anfang vorbereitet hatte).

Auch wenn ich meine Beispiele gerne etwas überzeichne, um sie merkwürdig zu machen, weiß ich, dass ich damit der Praxis relativ nahekomme. So oder so ähnlich läuft es tatsächlich ab. Und genau dort liegt grundsätzlich das Problem. Zweieinhalb Stunden stillsitzen und zuhören haben wir bereits in den Beinen und in anderen Körperteilen, ehe sich im Finale die Ehrengäste rhetorisch die sprichwörtliche Klinke in die Hand geben. Diese Grußworte klingen größtenteils gleich, sind viel zu lange und haben zu wenig Substanz. Mein abschreckendes Beispiel ist dazu nur der Vorgeschmack in Form einer Einleitung. Keine Sorge, Fortsetzung folgt nicht.

Dieser kurze Ausflug ist mir vorab wichtig, um den Status quo ein wenig in Erinnerung zu rufen. Aus unseren Seminaren weiß ich, dass sich viele in diesen Szenen wiederfinden, ob als Zuhörer oder auch als Ausführende.

Das Redegerüst für Grußworte, welches einen Verein, eine Organisation, Körperschaft oder Firma in den Mittelpunkt stellt:

1. Einleitung | Lass die Sinne sprechen

Als Ehrengast bist du, ehe es zu deinem Kurzauftritt »Grußworte« kommt, in der Regel schon einige Zeit vor Ort anwesend. Sei aufmerksam und achtsam. Was siehst, hörst, spürst, riechst oder fühlst du? Das kann später der Stoff für deine prägnanten, erfrischenden und wirkungsvollen Grußworte sein. Lass die Sinne sprechen – damit steigen wir ein. Wiederum wirst du der Einzige sein, der so loslegt.

Kleine Randnotiz: Nicht gemeint ist damit der Duft des Schweinsbratens, den du erwähnst, verbunden mit dem Versprechen, dich kurz zu halten, da alle bereits auf das Essen warten. Erzähle zu Beginn wieder eine kurze Geschichte und denke bitte daran, was haben die Gäste davon, dir zuzuhören? Welchen Nutzen bringst du mit?

Ein Tipp gegen aufkommende Langeweile zu fortgeschrittener Stunde: Gib Gas und erhöhe dein Tempo, variiere bei Lautstärke und Tonfall, das erfrischt und hält die Leute wach.

Hohe Versammlung,
Herr Kommandant,
geschätzte Ehrengäste,
liebe Kameradinnen und Kameraden!

Dieses Element heißt Anrede. Unter diesem Bogen finden sich alle. Flott gesprochen, dauert das ein paar Sekunden und alle merken, da bewegt sich was, da geht was weiter.

Wenn ich in die Runde blicke, so sehe ich den 15-Jährigen neben dem 70-jährigen Kameraden sitzen. Beide haben gemeinsam die Begeisterung für die Feuerwehr in ihrem Blick und die Überzeugung, dass es Schulter an Schulter am besten geht. Wahrscheinlich ist das ein Punkt, weshalb eure Wehr so erfolgreich funktioniert. Ich gratuliere euch herzlich zu diesem guten Miteinander!

Du kannst mit dem soeben angeführten Textbaustein auch direkt einsteigen und danach die Anrede »Hohe Versammlung« aussprechen. Das bringt auch etwas zusätzliche Abwechslung hinein.

Die Gefahr, dass einer der vier weiteren Ehrengäste exakt gleich beginnt wie du, besteht nicht, da dieser Einstieg so individuell ist, dass ihn keiner nach dir wiederholen wird. Die Wahrscheinlichkeit, dass die Redner vor dir so starten geht gegen null. Wie du weißt, beginnen Reden mit üblichen Klischees (Dank für Einladung, Grüße von …).

Jederzeit kann ich bei anderer Gelegenheit den Einstieg »Wenn ich in die Runde blicke ...« mit völlig unterschiedlichen Beobachtungen verknüpfen. Oder ich starte mit »Auf dem Weg hierher dachte ich mir …« Was immer dir deine Sinne liefern, prüfe es, ob du es verwenden kannst und erzähle es – kurz und knackig.

Mit meinem Familiennamen Lösch bin ich vor Jahren als Ehrengast bei der Feuerwehr spontan wie folgt eingestiegen:

43 Mal habe ich in den letzten zwei Stunden meinen Namen gehört. 43 Mal bin ich kurz erschrocken. Löschmeister, Löschfahrzeug, Löscheinsatz, Löschangriff … Jetzt wisst ihr, warum ich mich vor 30 Jahren für die Musik und nicht für die Feuerwehr entschieden habe. Wobei OberLÖSCHmeister, das hätte schon was.

Für mich bestand keine Gefahr, dass das jemand nachmacht, da kein zweiter Lösch anwesend war und zugegeben, auch ich musste meinen Mut zusammennehmen, um mit so einem gewagten Einstieg zu beginnen.

Nein, ich ziele jetzt nicht darauf ab, dass wir mit einer einstudierten Pointe um jeden Preis eine humoristische Einlage liefern müssen. Das könnte leicht ein »Rohrkrepierer« werden, was peinlich wäre. In diesen Beispielen geht es vielmehr darum, die Leute abzuholen und das funktioniert – neben Fakten – am besten über Emotionen. Wer lacht, weint, berührt, traurig oder fröhlich ist, der ist voll bei dir. Auf jeden Fall ist so ein Einstieg ein anderer Eisbrecher als sich bloß für die Einladung zu bedanken, Grüße zu überbringen und zu erwähnen, wen man vertreten darf.

2. Aufgaben/Leistungen (Dank)

Ähnlich wie beim Redegerüst »Person«, besteht hier wiederum die Gefahr der Übertreibung oder zu allgemein und oberflächlich zu sein. Die optimale Vorgehensweise dabei ist, bereits während der Ausführungen der Hauptakteure besonders aufmerksam deren Berichten zu folgen. Sehr gut kommt es an, sich jeweils ein paar Notizen zu machen. Das wird von anderen bemerkt und als Zeichen von Interesse, des Respekts und der Wertschätzung gewertet. Hauptsächlich dienen die Notizen jedoch dazu, den einen oder anderen Punkt (weniger ist mehr) zu verwenden und damit konkrete Leistungen zu unterstreichen und mit Dank, Lob, Anerkennung zu verbinden.

Aus dem Leben:

Knapp 4000 ehrenamtliche Stunden habt ihr in euren Rüsthauszubau investiert. Das entspricht zirka dem Einsatz von zwei Vollzeitkräften für jeweils ein ganzes Jahr. Erst dadurch konnte dieses Großprojekt überhaupt gemeistert werden. Vielen Dank für euren unermüdlichen, unentgeltlichen, freiwilligen Einsatz.
Jetzt denken alle mit. 4000 klingt viel, jedoch der Vergleich zu zwei Leuten, die ein ganzes Jahr lang hier gearbeitet haben, macht die Geschichte gleich noch viel griffiger. Ohne ergänzend erwähnen zu müssen, welchem finanziellen Gegenwert das entspricht, ist die Leistung auf jeden Fall beeindruckend. Ich kann somit aus allen möglichen mitnotierten Zahlen, Daten und Fakten ein Beispiel gestalten, ebenso natürlich aus Ereignissen auf emotionaler Ebene. Es galt z. B. einen besonderen Akt der Kameradschaft, Hilfsbereitschaft oder des Zusammenhalts bei einem schrecklichen Schicksalsschlag im vergangenen Jahr oder bei einem besonders freudigen Ereignis zu beweisen. Es darf ein bisschen mehr sein – damit meine ich konkreter, griffiger – als das Loben in pauschaler Art und Weise. Das ist zu allgemein, aufgesetzt, klingt jedes Jahr gleich und kommt deshalb nicht echt rüber.

3. Optional: Besonderes/Aktuelles

Diese Säule ist deshalb optional, da ich sie je nach Bedarf entweder verwenden oder weglassen kann. Steht in naher Zukunft beispielsweise ein größeres Vorhaben vor der Tür (Investition, Jubiläumsfest etc.) werde ich darauf eingehen. Wenn unsere Zusammenarbeit durch etwas besonders Herausragendes getragen wird, so erwähne ich das an dieser Stelle. Um es griffig darzustellen, hier wieder ein kurzes positives Beispiel. Dabei bleiben wir bei unserem Gemeindevertreter, der bei der Feuerwehr zu Gast ist und im letzten Jahr einmal ganz besonders stolz war.

Als beim Landesfeuerwehrtag 2019 die Bewerbsgruppe unserer Wehr als Sieger aufgerufen wurde, da – meine lieben Kameraden – bekam ich eine Gänsehaut, so gerührt war ich wegen eures großen Erfolgs. Dass diese oder ähnliche Gedanken, mit angepasstem Inhalt, auch anderen Adressaten große Freude machen werden, versteht sich von allein.

4. Wünsche

Wenn Menschen (einzeln oder im Kollektiv) im Mittelpunkt stehen, dann geht es – einfach zu merken – am Schluss immer um gute Wünsche. Gehen wir entschlossen mit drei individuellen Wünschen über die Ziellinie. Wir wissen bereits, dass Drei die stärkste Wirkung hat und es dadurch sehr einfach gemacht wird abzuschließen. Dazu überlegen wir uns im Vorfeld, immerhin haben wir genügend Zeit, ehe wir an die Reihe kommen, was wir wünschen werden. Diese Wünsche prägen wir uns gut ein oder sicher ist sicher: Ich schreibe sie mir auf die Rückseite der vorliegenden Einladung zu den anderen Notizen, die ich mir gemacht habe. Auch hier gilt, ein bisschen kreativ zu sein und der Feuerwehr etwas anderes zu wünschen als dem Musikverein oder dem örtlichen Kameradschaftsbund.

Wir schließen unser Feuerwehr-Beispiel ab:

Für die Zukunft wünsche ich euch weiterhin viel Begeisterung, eine so vorbildliche Kameradschaft wie bisher, und dass ihr immer wieder gesund von den Einsätzen zu euren Familien nach Hause kommt.

Vielleicht denkst du dir jetzt, dass dieser dritte Wunsch ein bisschen aus der Phrasenkiste stammt. In diesem Fall gilt klar, dieser hat allerhöchste Priorität und kommt aus tiefster Überzeugung, da Einsatzorganisationen täglich Leib und Leben riskieren. Es gilt originelle, alternative Formulierungen mit Begeisterung vorzutragen (so es der Anlassfall erlaubt) in einer Gesamtlänge, wo sich die Zuhörer am Ende denken: »Dem hätte ich gerne noch zugehört!«

Das sind sie nun jene vier Redegerüste, die zahlreichen Rednern bereits sehr gute Dienste geleistet haben – ob vorbereitet oder bei anspruchsvollen Stegreifauftritten. Ja, richtig gelesen, auch in Stegreifreden sind diese Kärtchen DAS Rezept. Sobald gut eingeprägt, meistere ich damit jede rhetorische Herausforderung. Hier ein paar kurze, einfache Beweise:

Redegerüst Person: Da wir auf einen Wildfremden keine klassische Laudatio halten müssen, gehen wir davon aus, dass wir unser Gegenüber mehr oder weniger gut kennen. Es gibt also zwischen ihm und uns, siehe Phase 1, eine persönliche Beziehung (zum ersten Mal gesehen, kennengelernt, erst seit zwei Monaten bei uns und gut eingelebt …). Über Phase 2 Funktion/Rolle wissen wir Bescheid (erwähne ein paar Beispiele, lobe und danke). Zu Phase 3 Privates fällt uns mit Sicherheit zumindest ein Hobby ein. Sollte er Tag und Nacht in der Firma sein, was uns bekannt ist, dann erwähnen wir, dass bei diesem ausgefüllten Berufsleben für Freizeitaktivitäten kaum Platz sein wird. Wünschen wir ihm, zu Phase 4, Gesundheit, Erfolg auf all seinen künftigen Wegen und alles Gute.

Folgende unwahrscheinliche Situation wird kaum eintreten, außer du hast das große Glück, bereits auf einer Geburtstagsfeier zu sein. Um 19 Uhr ist Beginn der Ansprachen und dein Chef ruft an und sagt: »Ich werde mich um eine Stunde verspäten, ich stecke im Stau. Bitte sag' du ein paar Worte.« Geldbörse auf, ein kurzer Blick auf das richtige Kärtchen, und es funktioniert somit als Stegreifrede. Genau nach diesem Ansatz läuft das auch bei Projekten und Grußworten wie geschmiert. Beim Gerüst für Situationen lege ich dir spätestens hier ans Herz, nach dieser Struktur künftig alle deine Statements aufzubauen. Funktioniert immer.

Wir sind nun im Finale jenes Kapitels, das einen Schwerpunkt dieses Buches darstellt. Daher ist es jetzt an der Zeit, das wahre Geheimnis rund um diese Redegerüste zu lüften. Unter der Voraussetzung, dass dich die Methode »Mit Struktur zum Ziel« erreicht, vielleicht auch begeistert hat, ist es ab sofort ein Leichtes, sich beliebige, individuelle weitere Redegerüste selbst zu bauen. Mit meinen Ausführungen habe ich dir die Anleitung, den Plan, dazu gegeben.

Du stehst vor einer Redeaufgabe und erkennst, dass keines meiner vier Gerüste dafür passt. Frage dich: »Worum geht's?« Die Antwort darauf bildet den Mittelpunkt. »Wie lautet das Ziel?« Danach baust du dir deine vier Phasen der Rede.

Phase 1:	Wie leite ich ein und hole die Leute ab?
Phase 2 – 3:	Hauptteil der Rede
Phase 4:	Wie schließe ich ab und stelle sicher, dem Ziel zumindest einen Schritt näher gekommen zu sein.

DAS BOJENSCHWIMMEN

Was war mein Motiv, dieses Buch zu schreiben? Zu überzeugen, dass wir alle das freie Reden lernen können. Mir ist bewusst, dass diese Aussage weder von mir stammt noch neu ist. Ich begleite täglich Seminarteilnehmer mit viel Leidenschaft auf diesem Weg, so liefern wir gemeinsam den Beweis dafür.

In jedem Rhetoriktraining sitzen wahre Meister von heute und solche von morgen. Frage ich zu Beginn dieses Themas in die Runde »Wie viele von euch kennen das Bojenschwimmen?«, bleiben alle Hände unten, noch nie gehört. Wenn ich gleich danach frage, wer die freie Rede nach Stichwortkonzept kennt, zeigen plötzlich alle auf. Und ob uns die vertraut ist. Dieser Stichwortzettel hat uns schon durch die gesamte Schulzeit begleitet, denn da durfte bei Referaten sonst nichts verwendet werden. Begriffe auf kleine Karteikarten geschrieben, das war es. Wenn ich es nun besonders spannend machen will, kündige ich an, gleich das Geheimnis rund um das Bojenschwimmen zu lüften. Somit hole ich sogar jene ab, die zu Beginn noch selbstsicher allen erklärt haben, nach unzähligen Rhetorikseminaren sowieso nur hier zu sein, weil der Chef sie geschickt hat. Das spornt mich immer wieder aufs Neue an, Teilnehmer und Leser zu gewinnen, für die meines Erachtens geniale, wirkungsvolle und besonders einfache Technik der Rhetorik.

Ich erlaube mir nun die Frage an dich: Wie bereitest du dich auf Reden, Referate, Präsentationen oder Ähnliches vor? Natürlich hängt das von der Situation ab, werden vielleicht manche denken. Auf jeden Fall gehen in der Redevorbereitung die Zugänge und Meinungen sehr weit auseinander. Während manche sagen, sie brauchen ein ausformuliertes Manuskript, das ihnen Sicherheit gibt, meinen andere, das sei nichts für sie, denn da müsse man ablesen. Sie bevorzugen eher ein paar Stichworte, damit können sie frei und in ihrer Umgangssprache reden. Das sei für sie authentisch und funktioniere immer. Sagen wir, beinahe jedes Mal, denn es könnte sein, dass es dir schwerfällt, mit dem einen oder anderen Stichwort in der Aufregung einen guten Satz oder Gedanken auszuformulieren.

Aus dem Leben:

Ein guter Freund ist Geschäftsführer eines großen Autohauses in Graz. Im Rahmen einer Händlertagung hatte er die Ehre, zahlreiche Gäste willkommen zu heißen. Er wirkte sehr sicher, als er die Bühne betrat, die Moderationskarten in der einen, das Mikro in der anderen Hand. Ich war bereits etwas früher da und konnte ihn beobachten, wie er vor dem großen Ansturm der Gäste noch die Tonanlage, gemeinsam mit einem erfahrenen Techniker, checkte. Er überließ nichts dem Zufall. Mit einem kurzen Blick auf das erste Kärtchen in seiner Linken legte er los. Bereits nach ein paar Worten war er völlig aus dem Konzept. Seine Mimik, inklusive der Gesichtsfarbe, veränderte sich, Verlegenheitslaute mischten sich dazu und – aus war es. Nicht ganz aus, er entschuldigte sich, beteuerte, sehr nervös zu sein, und manövrierte sich durch die ersten »Tore« seiner Begrüßungsrede. Später, im gemütlichen Teil der Feier, sprach er mich an und sagte: »Komplett weg, alles, der gesamte Text. Wahnsinn, das ist mir noch nie passiert!« Ich bat ihn – nicht um ihn zu belehren, sondern als guter Freund – mir seine Moderationskarten zu zeigen. Nun war alles klar. Mein Freund hatte den Begriff Stichwortkonzept offenbar zu wörtlich genommen. Als sehr versierter Redner dachte er in der Vorbereitung, es würde locker reichen »Begrüßung – alle – Ehrengäste – Mitarbeiter« und danach einige weitere Begriffe auf die Karte zu schreiben. Vielleicht reicht das auch für jemanden, der genügend Routine hat, selbstsicher und eloquent ist. Möglicherweise ist es aber zu wenig. Sobald 300 Augenpaare auf dich gerichtet sind, zahlreiche Scheinwerfer dein Herz zwar nicht höher, aber dafür deutlich schneller schlagen lassen, kann das passieren. Die Stichworte sind noch da, jedoch der Rest des Textes ist mit einem Schlag weg.

Dagegen hilft das Bojenschwimmen. Diese Technik beginnt damit, dass ich meine Gedanken – in der Vorbereitung – zuerst aufschreibe. Die im Buch vorgestellten Redegerüste eignen sich bestens dazu, um effizient voranzukommen. Der Vorteil liegt darin, dass ich für diesen bedeutenden Auftritt meine Gedanken fertig ausformuliert und notiert vor mir habe. An dieser Stelle bringt der besonders routinierte Redner gerne den Einwand, das nicht zu benötigen, da er mit seiner

Erfahrung sogar um 3 Uhr nachts geweckt werden könnte, um stundenlang frei über Gott und die Welt zu referieren. Dem kann auch ich nur wenig entgegnen, außer vielleicht der Bitte, gelegentlich zu versuchen, anstatt lange und breit zu reden, kurz und prägnant Substanz zu liefern. Daher sind wir alle gut beraten, die erfahrenen und die weniger erfahrenen Redner, zuerst die Gedanken zu Papier zu bringen.

Fest steht, die Technik des Bojenschwimmens funktioniert bei jeder Art der Rede und zu jedem Anlass. Klar ist auch, dass wir die Langform eines Manuskripts niemals bloß ablesen wollen und werden. Im Endausbau stellt dieses Werkzeug sicher, dass ich mit einem Stichwortkonzept vor meinem geistigen Auge die beste Performance meines Lebens liefere. Doch dazu etwas später.

Mehr als zehn Jahre war Schwechat meine berufliche Heimat. Während der langen Autofahrten zwischen dem steirischen Ennstal und Niederösterreich hatte ich sehr viel Zeit, um gedanklich meine Reden für unterschiedliche Anlässe vorzubereiten. Das Bojenschwimmen kannte ich damals noch nicht. So fuhr ich am Montagmorgen frisch und munter los. Auf dem Weg Richtung Wien fiel mir ein, ich könnte ja mein Stichwortkonzept für eine 70er-Feier eines Vereinsmitgliedes im Musikverein am nächsten Wochenende gedanklich vorbereiten. Ich holte mir den Jubilar vor mein geistiges Auge und los. Zuerst hatte ich vor – besser wusste ich es damals leider nicht – mich für die Einladung zu bedanken. Somit lautete das erste Stichwort »Dank für die Einladung«. Danach folgte der Anlass, »sein Siebziger«. Unser Kamerad ist »Seit 50 Jahren im Musikverein«, so lautete der nächste Punkt. Danach werde ich mich noch für seine »Verlässlichkeit« bedanken. Da er seine Urlaube gerne auf hoher See verbrachte, formte ich auch daraus ein Stichwort »Urlaub/Segelschiff/Meer«. Und für den Schluss prägte ich mir den Begriff »Gratulation« ein. Ich spulte, laut vor mich hingesagt und ganz allein im Auto sitzend, an diesem Montagmorgen alles mehrmals ab. Gut gelaunt und hellwach war ich bald damit fertig, die Rede war im Kasten, und ich konnte die erste Aufgabe dieser neuen Woche somit abschließen. Erledigt, dachte ich.

Es folgte in der Firma eine intensive Arbeitswoche mit vielen neuen Herausforderungen. Als ich gegen Ende der Woche auf dem Heimweg war, fiel mir ein, morgen ist die Geburtstagsfeier meines Musikkameraden. Sicherheitshalber ging ich die zu Wochenbeginn vorbereitete Rede noch einmal schnell durch, schließlich sollte es ja eine besonders gute Laudatio werden. Die Stichworte waren zwar alle noch in meinem Kopf, aber der Text bzw. die ausformulierten Gedanken waren so gut wie weg. Nicht ganz weggeblasen, jedoch von Textsicherheit war ich zu diesem Zeitpunkt weit entfernt. Waren es die Anforderungen der vergangenen Tage, die mir viel abverlangt haben, schwirrte noch zu viel anderes durch meinen Kopf, oder war es eine Mischung aus all dem, ich wusste es nicht. Heute weiß ich es mit Bestimmtheit: Bloße gedankliche Vorbereitung auf eine wichtige Rede ist zu wenig. Wie will ich denn damit sicherstellen, dass meine Geistesblitze von gestern oder heute, wenn es wirklich darauf ankommt, wieder da sein werden? In meinem Fall war es gleichgültig. Es war nur die Generalprobe, ich saß allein im Auto und hatte die Chance, mich bis zum nächsten Tag ordentlich vorzubereiten. Mein guter Freund, der Geschäftsführer aus dem vorangegangenen Beispiel, hatte weniger Glück, ihn erwischte es direkt und live auf offener Bühne.

Wie macht es der Bojenschwimmer?

Zuerst aufschreiben. Ja, höre ich einige Profis immer sagen, das sei zu viel Zeitaufwand. Als Benjamin Disraeli, ein britischer Staatsmann des 19. Jahrhunderts, einmal gefragt wurde, wie lange er brauche, um eine politische Rede vorzubereiten, meinte er: »Wenn ich mindestens zwei Stunden reden kann, bin ich bereit, sofort zu beginnen. Wenn man mir eine Stunde Redezeit gibt, brauche ich einen Tag zur Vorbereitung. Aber wenn ich nur 15 Minuten reden darf, muss ich mich mindestens eine Woche lang vorbereiten.« Keine Angst, ganz so schlimm wird es bei uns nicht werden.

Da wir unsere Rede zuerst ausformulieren und aufschreiben sollen, gehen wir gleich wieder in ein praktisches Beispiel. Stellen wir uns einen beliebigen Anlass vor.

Ich bleibe bei meiner zuletzt erwähnten Story der 70er-Feier. Nimm dir kurz Zeit und schreibe deine Gedanken auf:

Lieber Erhard, geschätzte Gäste!

Als ich zum ersten Mal in dieses Haus des Musikvereins kam, sah ich im Posaunenregister einen freien Platz zwischen zwei schon etwas reiferen Herren. Dieser Stuhl war für mich reserviert, wie ich bald erfahren sollte. Ich grüßte freundlich, setzte mich hin, und ich erinnere mich heute noch gut an diesen Moment, mein Herz schlug bis zum Hals. Die beiden Posaunisten nahmen mich als Jungmusiker freundlich auf, es herrschte damals zwar noch ein strenges »Sie« von uns Jungen gegenüber den Älteren, und bald fühlte ich mich dort so richtig wohl, vertraut und angekommen. Einer dieser beiden warst du, lieber Erhard, der du heute im Mittelpunkt dieser Feier stehst. Du bist seit 50 Jahren eine wahre Säule unseres Vereins, immer da, beim Musizieren, beim Arbeiten und auch beim Feiern, so wie es sich für einen verlässlichen Musiker gehört. Früher spieltest du Horn, seit vielen Jahren mit Bravour Posaune. Als Uhrmachermeister und Goldschmied unterstützt du uns auch mit deinem Geschick, wenn es darum geht, Ehrengeschenke für besondere Anlässe zu produzieren. Wir danken dir für deinen Einsatz durch all die Jahre hindurch sehr herzlich. Seit deiner Pensionierung bist du während des Sommers gerne auf hoher See. Das Segeln bedeutet dir viel und macht dir große Freude. Natürlich fehlst du uns, wenn du mehrere Monate im Jahr auf den Meeren dieser Welt unterwegs bist. Genieße es, wir wissen, dass es dir guttut. Lieber Erhard! Zu deinem runden Geburtstag wünschen wir dir viel Gesundheit, Harmonie in deinem Leben und immer eine Handbreit Wasser unter dem Kiel.

Diese halbe Stunde Vorbereitungszeit ist gut investiert in eine wertschätzende, prägnante Laudatio. Alle Gedanken sind nun auf Papier oder der Festplatte. Sie können dir nicht mehr abhandenkommen, sie existieren. Jetzt nimm dir noch ein wenig Zeit und lies deinen Text ein paarmal laut vor. Klingt, nicht nur für uns Ennstaler, sehr hochdeutsch. Niemals werden wir vor das Geburtstagskind und die Festgemeinde treten und den Text von einem Zettel ablesen, das ist klar. Halte eine freie Rede in deiner Umgangssprache, bringe sie natürlich und echt. Jetzt wird es besonders spannend.

Ich frage meine Seminargruppen an dieser Stelle immer, heute auch dich, geschätzter Leser, welche Passagen du dir in der vorliegenden Rede für dein Stichwortkonzept hervorheben würdest. Schnell die Textmarker ausgeteilt, und wir legen los. Seit zwei Jahrzehnten in diesem Job weiß ich, dass die Ergebnisse immer – mehr oder weniger – gleich aussehen, zumindest die Herangehensweise betreffend.

Als Beispiel reicht vorerst der Einstieg in die Rede:

Lieber Erhard, geschätzte Gäste!

Als ich zum ersten Mal in dieses Haus des Musikvereins kam, sah ich im Posaunenregister einen freien Platz, zwischen zwei schon etwas reiferen Herren. Dieser Stuhl war für mich reserviert, wie ich bald erfahren sollte. Ich grüßte freundlich, setzte mich hin, und ich erinnere mich heute noch gut an diesen Moment, mein Herz schlug bis zum Hals. Die beiden Posaunisten nahmen mich als Jungmusiker freundlich auf, es herrschte damals zwar noch ein strenges »Sie« von uns Jungen gegenüber den Älteren, und bald fühlte ich mich dort so richtig wohl, vertraut und angekommen. Einer dieser beiden warst du, lieber Erhard, der du heute im Mittelpunkt dieser Feier stehst.

So (oder ähnlich) sehen die Ergebnisse der Seminarteilnehmer aus. Meine rustikale und nach tausenden Seminaren standardisierte, jedoch nicht minder leidenschaftliche Antwort lautet: »Super! So haben wir das bereits in der Schule bei Referaten gelernt, für das Bojenschwimmen, tut mir leid, vollkommen unbrauchbar!«

»Schon ein lässiges Gefühl, dass du es gerade wieder einmal geschafft hast, auch jene zu begeistern, die den ›Schmarrn‹ ja nicht brauchen«, denke ich mir in diesem Augenblick.

Ich zücke dann die Rede, die ich im Büro für genau diesen Augenblick gut vorbereitet, feinsäuberlich gedruckt und für das Skript gelocht habe, um sie jedem Einzelnen persönlich zu reichen. Plötzlich setzt ein kollektives »Aaaah« ein, da es kaum zu glauben ist, wie einfach doch diese Geschichte funktioniert.

So sieht das vorbereitete Konzept des Bojenschwimmers aus:

Lieber Erhard, geschätzte Gäste!

Als ich zum ersten Mal in dieses Haus des Musikvereins kam, sah ich im Posaunenregister einen freien Platz zwischen zwei schon etwas reiferen Herren. Dieser Stuhl war für mich reserviert, wie ich bald erfahren sollte. Ich grüßte freundlich, setzte mich hin, und ich erinnere mich heute noch gut an diesen Moment, mein Herz schlug bis zum Hals.

Die beiden Posaunisten nahmen mich als Jungmusiker freundlich auf, es herrschte damals zwar noch ein strenges »Sie« von uns Jungen gegenüber den Älteren, und bald fühlte ich mich dort so richtig wohl, vertraut und angekommen. Einer dieser beiden warst du, lieber Erhard, der du heute im Mittelpunkt dieser Feier stehst.

Du bist seit 50 Jahren eine wahre Säule unseres Vereins, immer da, beim Musizieren, beim Arbeiten und auch beim Feiern, so wie es sich für einen verlässlichen Musiker gehört. Früher spieltest du Horn, seit vielen Jahren mit Bravour Posaune. Als Uhrmachermeister und Goldschmied unterstützt du uns auch mit deinem Geschick, wenn es darum geht, Ehrengeschenke für besondere Anlässe zu produzieren. Wir danken dir für deinen Einsatz durch all die Jahre hindurch sehr herzlich.

Seit deiner Pensionierung bist du während des Sommers gerne auf hoher See. Das Segeln bedeutet dir viel und macht dir große Freude. Natürlich fehlst du uns, wenn du mehrere Monate pro Jahr auf den Meeren dieser Welt unterwegs bist. Genieße es, wir wissen, dass es dir guttut.

Lieber Erhard! Zu deinem runden Geburtstag wünschen wir dir viel Gesundheit, Harmonie in deinem Leben und immer eine Handbreit Wasser unter dem Kiel.

Da der Text aus deiner Feder stammt, sitzt dieser inhaltlich sinngemäß. Gliedere deine Gedanken in übersichtliche Absätze. Die Markierungen sind die Bojen, die du dir setzt. Sie dienen als Denkimpuls für den jeweiligen Absatz oder Hauptgedanken, als Rettungsboje und zur Orientierung für den Fall, dass dir der nächste Satz nicht mehr einfällt oder du dich vollkommen verzettelst.

Wir sind beinahe am Ziel. Nun hängt es davon ab, ob es die Situation und der Rahmen der Veranstaltung erlauben, dass ich mit Zettel am Pult oder Karte in der Hand auftrete, dann war es das schon mit der Vorbereitung. Wie bei einer Geburtstagsfeier eher üblich, trete ich lieber ohne Hilfsmittel vor den Jubilar und das Publikum. In diesem Fall – ohne Hardcopy – ist es noch ein kleines Stück mehr Arbeit, die dich jedoch bei deinem Auftritt strahlen lässt.

Legen wir die Latte hoch und gehen wir von folgendem Schwierigkeitsgrad aus: ohne Zettel, Vorlage oder sonstiges Hilfsmaterial. Schreibe dir bitte, für Übungszwecke, Nummern an den linken Rand des

Manuskripts, jeweils vor die Markierung. In diesem Fall ist »Lieber Erhard, geschätzte Gäste!« die Nummer 1. »Als ich zum ersten Mal in dieses Haus des Musikvereins kam« die Nummer 2 usw. bis zur Nummer 6 unseres Beispiels. Jetzt präge dir die sechs Bojen (nicht den gesamten Text) grob ein.

Zeit am Schreibtisch hast du inzwischen genügend investiert, beinahe schon 45 Minuten. Da das Wetter schön ist, gehst du noch an die frische Luft, ein bisschen Wandern, Laufen oder Gartenarbeit ist angesagt. Es soll eine Tätigkeit sein, wo dir freie geistige Kapazität bleibt, um dir deine Bojen gut zu merken und diese zu üben.

Ich liebe diese Art der Vorbereitung ganz besonders. Den Zettel habe ich für den Fall der Fälle und zum Kontrollieren mit dabei. Während ich schon den weichen Waldboden spüre und mein Gehirn mit viel Sauerstoff versorge, ist es mir locker möglich, meine Bojen (nicht die ganze Rede) rund zehnmal durchzuspielen. Zuerst läuft es vielleicht noch eher holprig, aber mit der Zeit wird es immer besser. Die Bojen müssen sitzen, denn nach ihnen orientiere ich mich später bei meinem Auftritt. Wohl eine sehr effiziente Art der Vorbereitung.

Schwimmen hat mit Fortbewegung zu tun. Ich bewege mich daher entschlossen von einer Boje zur nächsten. Schwimmen meint dabei nicht, dass man »ins Schwimmen« kommt.

Wir bleiben beim sicheren Fortbewegen von einer Boje zur nächsten, von einem Denkimpuls zum anderen.

Sollte dir diese Technik insgesamt bis hierher gut gefallen, dann warte ab, der wahrscheinlich größte Nutzen folgt erst.

Der große Abend ist nun da, und du bist an der Reihe. Ohne Zettel stehst du sicher dort, authentisch und in gepflegter Umgangssprache legst du los. Da du nicht aus deinem Manuskript liest, brauchst du auch kein klassisches Hochdeutsch. Sprich in deiner Umgangssprache und stelle sicher, dass dich jeder gut versteht.

Boje 1: *Lieber Erhard, geschätzte Gäste!*
Ganz toll gemeistert. Zugegeben, nicht allzu schwierig.

Boje 2: *Als ich zum ersten Mal in dieses Haus des Musikvereins kam* ... beginnst du auch hier deine Geschichte souverän. Es läuft glänzend bis *»wie ich bald erfahren sollte«*. Du weißt, da war noch was, aber was? Ohne diese Technik würdest du jetzt wahrscheinlich improvisieren, um Worte ringen, vielleicht »aahs« und »äähs« anhäufen, von einem Fuß auf den anderen tänzeln und alle würden merken, da stimmt etwas nicht. Der Bojenschwimmer setzt den Satzpunkt nach *»sollte«*, sucht erst gar nicht nach dem fehlenden Text, sondern steuert zielorientiert die nächste Boje an.

Boje 3: *Die beiden Posaunisten nahmen mich als Jungmusiker freundlich auf,* ... du atmest jetzt einmal erleichtert durch. Dieser Absatz wird wieder ein rhetorisches Kür-Programm, das weißt du längst, so sicher fühlst du dich. Ich erlaube mir eine kurze Zwischenfrage: »Wer hat jetzt auch nur irgendeine Unsicherheit bemerkt?« Niemand sitzt mit deinem Text im Publikum und sagt, »Da hast du was ausgelassen, lieber Freund!« Und weiter geht es zur …

Boje 4: *Du bist seit 50 Jahren eine wahre Säule unseres Vereins, immer da, beim Musizieren, beim Arbeiten und auch beim Feiern,* … Es läuft wie am berühmten Schnürchen. Und als du deinem Kameraden, beim Loben und Danken für seine Leistungen tief in die Augen blickst, improvisierst du ein bisschen, da dir spontan eine Episode einfällt, die du unbedingt mitnehmen willst. Mach das ruhig! Während manche, gerade sehr erfahrene Rhetorikkünstler nach spontaner Improvisation nie wieder den roten Faden finden, orientierst du dich bereits an deiner nächsten Boje.

Boje 5: *Seit deiner Pensionierung bist du während des Sommers gerne auf hoher See* … und schon wieder fällt dir deine vorbereitete Geschichte dazu ein. Durch die Emotion beim Auftritt erzielst du vielleicht sogar eine bessere Performance.

Sollte die finale Ausführung weniger gut sein als beim Schreiben oder Üben, macht nichts, nur du hast den direkten Vergleich. Dein Publikum hört dich, in der Regel, in jeder Situation nur einmal.

Jetzt kommt das Finale. Wie bei den Redegerüsten ist der Schluss einer Rede eine große Herausforderung. Achte darauf, dass du über die gedachte Ziellinie gehst. Daher, gut einprägen, üben und eine Punktlandung setzen.

Boje 6: *Lieber Erhard! Zu deinem runden Geburtstag wünschen wir dir viel Gesundheit, Harmonie in deinem Leben und immer eine Handbreit Wasser unter dem Kiel.*

Nach »*Wasser unter dem Kiel*« kommt nichts mehr, vor allem kein Bindewort »und« oder Ähnliches, denn dann würdest du in eine Endlosschleife eintauchen, aus der du so leicht nicht wieder herauskommst. Das wäre schade, du bringst dich um den Erfolg einer ganz erstklassigen Rede. Wir machen entschlossen Schluss.

Ich bin schon lange in diesem Geschäft – nicht als Autor – als praktischer Redner, Moderator sowie Trainer und weiß, dass diese Technik immer funktioniert. Auch meine Moderationen, wie z. B. beim Narzissenfest im Ausseerland-Salzkammergut, sind genauso vorbereitet. Gesprochen wird selbstverständlich frei, da die freie Rede die Königsdisziplin der Rhetorik ist und das Bojenschwimmen als Transportmittel zum Erreichen des Zieles dient.

Ob der Einfachheit dieser Technik ist die Verblüffung meist sehr groß. Viel Freude habe ich in der Öffentlichkeit, wenn ich beispielsweise bei einem Fest in der Menge sitze, der Bürgermeister auf die Bühne kommt, sensationell und frei spricht, mir dann Freunde über den Tisch zurufen, wie großartig ihr Bürgermeister die Stegreifrede beherrscht und dabei nichts vergisst. Ich freue mich dann still mit und denke mir, »super gemacht«, alle Bojen und vor allem die Menschen erreicht.

Klar ist es lässig, ohne Manuskript und Moderationskarten aufzutreten. Beim Publikum punktest du damit, wenn alles gut geht, auf jeden Fall. Primär hängt es von der Situation, der Art deines Auftritts und dem Rahmen ab. So wirst du sicherheitshalber, beispielsweise bei einem Vortrag, deine Unterlagen auf dem Pult liegen haben. Vielleicht erkennst du hinterher, dass es auch ohne gegangen wäre. Ein Sicherheitsnetz waren sie jedoch allemal. Das gilt auch bei einer Trauerrede, wo es schwer abzuschätzen ist, wie es dir emotional gehen wird und es daher besser ist, wenn du dich im wahrsten Sinn des Wortes anhalten kannst. Auch in Sitzungen, Verhandlungen und wichtigen Gesprächen sieht ein Schriftstück, ob Papier oder digital, ganz einfach nach guter Vorbereitung und damit Wertschätzung aus.

Dazu ein Praxistipp:

Verwende am Rednerpult Standardpapier (Format A4), bei Moderationen (ohne Pult) empfehle ich dir stärkeres Papier im Format A5. Ein Tablet oder Notebook kommt dann zum Einsatz, wenn es die Situation erlaubt.

Diese Technik des Bojenschwimmens hat in meinen bald 20 Jahren als Trainer schon viel Begeisterung ausgelöst. So lasse ich gerne hinter die Kulissen blicken, da es ein klares Ziel meiner großen Leidenschaft Rhetorik ist, in Seminaren und in dieser Publikation, dich dafür zu begeistern. Ich versuche dabei auch, dir zu zeigen, wie einfach das ist. Diese Technik gehört zu den wirkungsvollsten und simpelsten, die ich jemals erlernt habe.

Und noch etwas ist es, dieses Werkzeug. Es ist uns allen von Grund auf vertraut. Wie Teilnehmer immer wieder anmerken: »Das ist wie beim Singen oder dem Vortragen eines Gedichts!« Vorausgesetzt der Inhalt ist dir gut vertraut, dann reicht die erste Zeile der jeweiligen Strophe und der Rest läuft fast von allein. Das ist auf jeden Fall ein treffender Vergleich, jedoch mit dem wesentlichen Unterschied, dass es in der freien Rede noch viel einfacher ist als beim Lied oder bei einem Gedicht, wo der Text wortwörtlich vorzutragen ist. Beim Bojenschwimmen reicht eine sinngemäße Wiedergabe.

Ich werde häufig gefragt, ob diese Technik auch bei einem Vortrag in Verbindung mit PowerPoint funktioniert. Und ob! Wir haben einen Folientitel, eine Überschrift und darunter eine Handvoll großer Punkte, die bullet points, und danach hoffentlich nicht zu viel Text. Beherrscht der Vortragende seinen Job, bleibt die Aufmerksamkeit bei ihm und darum geht es doch.

Mancher Redner »verkriecht« sich körperlich und inhaltlich hinter dem Notebook, das er vielleicht statt des Manuskripts auf dem Rednerpult platziert.

Miserable Auftritte sorgen mittlerweile dafür, dass das Wort PowerPoint zum Synonym für »schlechter Vortrag« geworden ist. Das liegt aber an uns Rednern. Es geht auch anders: Brillante, rhetorisch ausgefeilte Präsentationen, die auf Persönlichkeit und Wirkung der Sprache setzen und diese mit der Überzeugungskraft der Grafik oder den Emotionen eines Bildes unterstützen. Dann ist PowerPoint auch im Jahre 2020, als VisualisierungsHILFE, noch immer zeitgemäß.

Die von mir entwickelten Redegerüste können ausgezeichnet mit der Technik des Bojenschwimmens verbunden und gemeinsam eingesetzt werden. Jede der vier Phasen meiner Gerüste ist eine Hauptboje.

Aus zahlreichen Rückmeldungen und Berichten von Seminarteilnehmern weiß ich, dass diese Instrumente und Werkzeuge genial einfach anzuwenden sind und ausgezeichnet funktionieren. So wünsche ich dir viel Erfolg damit.

ICH MÖCHTE SIE BEGRÜSSEN

DANN TU ES!

Als ich zwölf Jahre alt war, hatte ich am Gymnasium Stainach eine liebenswerte, sehr kompetente Deutschprofessorin. Ich erinnere mich sehr gerne an sie zurück, wie überhaupt an meine Zeit an dieser ausgezeichneten Schule. Die deutsche Sprache hat mich offenbar schon immer interessiert, obwohl ich das zu dieser Zeit noch gut verbergen konnte. Ein Begriff ist mir in besonderer Erinnerung geblieben, das kleine Wörtchen »möchte«. Mag sein, dass ich Geschichten dazu für einige Jahre vergessen hatte, jedoch sind sie in meinem späteren Beruf wiedergekehrt. Auch meine Lehrerin von damals kommt in vielen unserer Seminare vor. Immer wenn es um Begrüßungsansprachen geht, sehe ich sie vor mir.

Wie auf der realen Bühne spannt sich auch in den Seminar-Übungsreden der Bogen von »Ich möchte Sie begrüßen« über »Ich möchte Sie bitten« bis hin zu »Ich möchte mich bedanken«. Ich präsentiere mich in meinen Seminaren nicht als Besserwisser, trotzdem sollen alle Teilnehmer viel mitnehmen, ihre Stärken erkennen und sich weiterentwickeln, denn schließlich investieren sie Zeit und Geld. Wie in diesem Buch gebe ich auch in den Seminaren Antworten sehr gerne in Form von Geschichten, da diese unser Gegenüber erreichen. So ist die Chance groß, sich Merkwürdiges, im wahrsten Wortsinn, gut einzuprägen, um es später einzusetzen.

Jetzt kommt meine Deutschprofessorin ins Spiel. Wann immer ein Schüler sein Referat mit »Ich möchte euch heute dies und das präsentieren« begann, unterbrach sie mit den Worten: »Halt – dann tu es!« Wie gut wir Zwölfjährigen diese Aufforderung damals gecheckt haben, weiß ich heute nicht mehr. Auch in den Seminaren dauert es oft ein paar Augenblicke, bis alle erkennen, was gemeint ist. Widersprochen hat in den letzten 20 Jahren noch niemand. Was möchten wir denn nicht alles?

Somit kommen wir schon zu einem wichtigen Praxistipp, der ganz leicht umzusetzen ist:

Anstatt »Ich möchte Sie alle zu unserem Rhetorikseminar begrüßen«, ist es schon deutlich professioneller, zu sagen: »Zu unserem Rhetorikseminar begrüße ich Sie alle sehr herzlich.« Ist noch kein Burner, da gibt es noch Luft nach oben, trotzdem – um zwei Klassen besser als der, vielleicht auch klischeebehaftete, »Ich-möchte-Sager«. Ach ja, den Satzbau haben wir auch ganz rasch verändert, da das »Ich« ganz zu Beginn eines Textes, Briefes, oder Aufsatzes nicht an die erste Stelle gehört. Sogar alte Weisheiten wurden daraus abgeleitet und wir wissen, welches Tier das einzige ist, das sich zuerst nennt.

Vieles in der Rhetorik entsteht möglicherweise dadurch, dass wir Phrasen und Floskeln einfach nachsprechen, wie wir sie von anderen oftmals hören. Wir machen uns zu wenig Gedanken über unsere Worte, deren Sinn, Bedeutung und mögliche Alternativen. Nur weil es viele sagen, wird es deshalb nicht automatisch besser oder richtiger. Daher meine Bitte: Weg vom Phrasendreschen.

»Möchte« kündigt nur etwas an. Sprechen wir aktiv, direkt und lassen wir dieses häufig verwendete Wort einfach weg. Wir können es guten Gewissens aus den Reden entfernen.

In dieses Thema sind wir jetzt ganz direkt eingestiegen, das gebe ich zu. Beim Begrüßen kann ich meine Leidenschaft kaum zügeln. Ich beobachte in der Öffentlichkeit gerne Redeauftritte. Das tat ich schon als blutjunger Musikant in der dritten Reihe bei allen möglichen Anlässen. Die Musikkapelle ist sehr oft dabei, wenn Reden geschwungen und Feste gefeiert werden. So bekam ich relativ rasch das Gefühl, dass es beim Begrüßen auf jeden Fall Verbesserungspotenzial gibt.

Die Begrüßung ist eine der ersten Visitenkarten, die wir dem Publikum überreichen. Begrüßungsreden finden am Anfang von Veranstaltungen statt – und wer ist dabei nicht nervös oder hat Lampenfieber? Daher empfehle ich, diese Rede nach Möglichkeit schriftlich vorzubereiten. Das Bojenschwimmen unterstützt dich in der Umsetzung. Manuskript, Moderationskarte oder Tablet sind beim Begrüßen obligatorisch, zu groß ist die Gefahr für Patzer bei Namen, Titel, Reihung und anderen Herausforderungen.

Im Jahr 2007 erreichte mich der Anruf eines hochrangigen, mir gut bekannten Funktionärs aus dem Blasmusikwesen. Es falle auf, sagte er mir, dass die rhetorische Qualität bei Konzertveranstaltungen nicht zu jener musikalischen Klasse passe, die unsere Musikkapellen erbringen. Ich hatte rasch verstanden, was er meint, wir reden und musizieren in zwei verschiedenen Welten, was das Niveau angeht. Mein Auftrag lautete daher, im Rahmen der großen Mid-Europe in Schladming und Haus im Ennstal (eines der bedeutendsten internationalen Blasmusikfestivals), einen zweistündigen Rhetorik-Workshop zu halten. Wir setzten uns eine Höchstteilnehmerzahl von 30 Personen und freuten uns, dass wir auf einen Schlag ausgebucht waren. Unterm Strich kamen 70 Interessierte, die hören wollten, was ihr Musikkollege, selbst Obmann, nun als professioneller Trainer zu diesem Thema zu sagen hat. Daraus entstand später eine Seminarreihe, die bis in die Gegenwart reicht und bislang immer ausgebucht war.

Oft wird diskutiert, ob einzelne Gäste (Ehrengäste) bei Begrüßungen besonders erwähnt werden sollen oder nicht. Ein von mir sehr geschätzter Rhetorik-Experte sagte dazu Folgendes: »Die Rechnung ist einfach. Legst du großen Wert darauf, dass bei einer Veranstaltung Prominenz vertreten ist, ist der Preis dafür, dass du diese im Rahmen der Begrüßung willkommen heißt.« Er sagte nicht, dass dies immer einzeln oder gar bombastisch zu geschehen hat. So bin ich zur Überzeugung gekommen, dass es auch korrekt, prägnant und stilvoll – oder wie ich es gerne etwas rustikaler ausdrücke –

kurz und knackig geht. Weg von langweiligen Phrasen und Klischees, hin zu einem erfrischenden, pointierten, charmanten Veranstaltungsauftakt.

Baue einen Spannungsbogen auf! Dazu gehören Inszenierung, Ambiente, gute Kulinarik, angenehmes Raumklima und eben stilvolle, unaufdringliche Rhetorik.

Es gilt daher von Haus aus, dass die Begrüßung als schwungvoller Auftakt kompakt sein soll. Die längste Begrüßung, die ich je live erlebt habe, dauerte gestoppte 45 Minuten. Der Präsident hielt hier jeweils eine Laudatio auf jeden einzelnen zu begrüßenden Ehrengast und hat es damit verabsäumt, den Spannungsbogen aufzubauen.

Am Ende wird der Redner vom Publikum gnadenlos bestraft, doch leider bemerkt er das in der heutigen Zeit nicht, da er weder beschimpft oder ausgepfiffen noch mit Eiern beworfen wird. Meist finden sich sogar ein paar Heuchler unter den Gästen, die sagen: »Super gemacht!« Und das, genau das, ist die Saat für morgen, wenn 498 höflich schweigen und zwei sagen, wie toll er doch war. Der Redner wertet das als Generalbotschaft des Publikums, fühlt sich bestärkt und holt sich jede Menge Motivation, künftig so weiterzumachen wie bisher. Und wieder werden sich die Leute zu Tode langweilen, jedoch nur still protestieren.

Die folgende Geschichte veranschaulicht das sehr gut:

Mark Twain saß einmal in der Kirche und hörte eine Predigt, die ihm sehr gefiel. Deshalb beschloss er, einen Dollar in die Kollekte zu geben. Der Pfarrer predigte und predigte. Mark Twain ermäßigte im Geiste seine Gabe auf 75 Cent. Die Predigt zog sich weiter hin und er kürzte auf 50 Cent. Aber der Pfarrer fand und fand kein Ende. Als Mark Twain endlich die Kirche verlassen konnte, nahm er sich einen Dollar aus der Kollekte.

Natürlich ist das mit dem genommenen Dollar nur symbolisch gemeint. Doch zeigt es ganz genau, was unser Publikum mit uns macht, wenn unsere Rede zu lang wird. Auch wenn sie zu Beginn ausgezeichnet war, wird das Gesamturteil am Ende negativ sein. Mit Sicherheit wäre eine Pauschalbegrüßung bequemer, als sich auf die heikle Sache mit Funktion, Titel, Namen und Rangfolge sowie der Entscheidung, wen begrüße ich einzeln und welche Gäste en bloc, einzulassen.

Willst du für den Fall der Fälle gewappnet sein, dann unterstütze ich dich gerne, lüfte ein paar Geheimnisse für eine kompakte Form der Begrüßung und zeige einen Weg, der immer erfolgreich funktioniert.

Bereite dich schriftlich vor

Für uns als Redner ist es wichtig, Titel und Namen der Ehrengäste in richtiger Rangfolge vorab zu fixieren, damit es bei der Begrüßung selbst keine peinlichen Stolperer gibt. Meist wird kurz vor der Veranstaltung im Team zu dritt gecheckt, wer anwesend ist. Eine Markierung, am besten links außen, bei jenen, die da sind und ich behalte beim Auftritt stets den Überblick.

Ehrengäste, die sich verspäten, haben grundsätzlich Pech gehabt, sie kommen in der offiziellen Begrüßung nicht vor. Ausnahmen gibt es für ganz wenige hochrangige Persönlichkeiten, die vielleicht gar ihr begründetes Zuspätkommen im Vorfeld bekanntgegeben haben. Diese Gäste können an geeigneter Stelle, beispielsweise vor oder nach der Pause, begrüßt werden. Deplatziert ist jedenfalls, wenn alle fünfzehn Minuten ein Zuspätgekommener nachträglich willkommen geheißen wird, um in meiner Art wieder einmal maßlos zu übertreiben. Du weißt längst, weshalb ich in meinen Beispielen überzeichne, einfach deshalb, um sie leicht in Erinnerung zu behalten.

Verzichte ich auf die Vorbereitung, ist es schwierig, sich live vor Ort, auf einem kleinen Schmierzettel, vielleicht mit zitternder Hand und auf Zuruf rasch die Namen der Ehrengäste zu notieren. »Der Pfarrer ist auch da!«, ruft dir ein Kollege zu. Ja dann – schreiben wir ihn schnell auf, den Herrn Pfarrer. Ob er nun vor oder nach dem

Bürgermeister drankommt, entscheiden wir noch. Ist unser Pfarrer Dechant? Ist er als Monsignore anzusprechen? Beim akademischen Grad bin ich mir jetzt in der Hitze des Gefechts auch nicht so sicher – Magister oder Doktor? Im gleißenden Licht der Bühnenscheinwerfer werden wir uns dann wohl für die Sicherheitsvariante entscheiden und verkünden: »Grüß Gott, Pfarrer Huber.« Ach, wie originell. Abgesehen davon, dass ich als örtlicher Vereinsfunktionär wissen sollte, wie unser hochwürdiger Herr Pfarrer korrekt anzusprechen ist – auch welchen Vornamen er trägt – könnte ich das, bei zeitgerechter Vorbereitung vom Schreibtisch aus in aller Ruhe recherchieren. Da ich weiß, wen wir als Veranstalter persönlich geladen haben, geht das alles ohne großen Aufwand.

Setze den Vornamen vor den Familiennamen

Der Vorname heißt deshalb so, weil er vor dem Namen steht. In mehreren österreichischen Bundesländern (auch aus Bayern ist mir das bekannt) ist es umgangssprachlich üblich, wenn man über Leute spricht, zuerst den Familiennamen und danach den Vornamen zu nennen: Der Huber Franz, die Maier Eva, der Moser Sepp. Selbst wenn eine der drei Persönlichkeiten Bürgermeister einer Gemeinde bei uns am Land ist, ändert sich daran – zumindest im Volksmund – kaum etwas. Wir sagen weiterhin die Maier Eva zu unserer Bürgermeisterin.

In der offiziellen Begrüßung sagen wir korrekt: Frau Bürgermeisterin Eva Maier. Das war noch eine sehr einfache Übung. Führt sie einen akademischen Grad, z. B. den der Doktorin, so heißt es richtig, Frau Bürgermeisterin Doktorin Eva Maier. Wird ein Titel geführt, ist er je nach Vorschrift oder Gepflogenheit dem Namen entweder voran- oder nachzustellen.

Meist haben wir zu unseren Prominenten eine sehr gute persönliche Beziehung, vielleicht gar ein freundschaftliches Verhältnis, das wir gerne in der Öffentlichkeit zur Schau stellen. Daraus wird dann ab und zu der zu lockere Sager: »Wir begrüßen unseren Bürgermeister in unserer Mitte. Lieber Roland, schön, dass du da bist!« Besser ist, unseren Bürgermeister Roland Raninger in unserer Mitte zu begrüßen. Erst danach kann ich meine gute Beziehung zu ihm unterstreichen, mit dem Zusatz »Roland, schön dass du da bist!«

Achte auf die Rangfolge

Selbst wenn es in manchen Regionen anders üblich ist und so gelebt wird, gilt weltlich vor geistlich. Dies bedeutet auf höchster Ebene, dass der Bundespräsident vor dem Kardinal begrüßt wird, der Landeshauptmann vor dem Diözesanbischof, dem Superintendenten (evang. Kirche) oder den Vertretern anderer Glaubensgemeinschaften. Auf Gemeindeebene ist grundsätzlich der Bürgermeister vor dem Pfarrer gereiht.

Selbstverständlich gibt es zahlreiche Ausnahmen: »Eure Exzellenz« der Bischof ist vor dem Bürgermeister zu reihen. Selbstverständlich ist in allen kirchlichen Einrichtungen (Kirche, Pfarrhof, Pfarrsaal …) der geistliche Vertreter als Hausherr zuerst zu begrüßen, im öffentlichen Raum wiederum der Bürgermeister. Sollten Bundespräsident, Kanzler oder Landeshauptmann anwesend sein, tritt der Bürgermeister den Rang des Hausherrn ab. Dazu gibt es ausgezeichnete Fachliteratur, die als Nachschlagewerk beste und verlässliche Dienste leistet.

Ausgestattet mit diesem Wissen bereitete ich mich als sehr junger Obmann des örtlichen Musikvereins auf die Begrüßung anlässlich unseres Wunschkonzertes vor. Ich hatte sie alle peinlich genau aufgelistet vor mir im Manuskript. Ich begann bei den höchsten, sehr prominenten Ehrengästen und zog mein Ding durch bis hin zu allen 17 anwesenden Vereinsobleuten. Auch sie begrüßte ich einzeln und fügte die Vereinsbezeichnung dazu. Für alle gab es separat Applaus, so dachte ich, ist das korrekt. Rund 30 Mal mussten die geduldigen Besucher klatschen, ehe die Musik das erste offizielle Stück spielte, vom Eröffnungs-Choral abgesehen. Zwischendurch ein kurzer Tipp zur Dramaturgie: Zuerst ein Musikstück oder Lied, danach folgt die Begrüßung. So haben wir die volle Aufmerksamkeit, einen feierlichen Rahmen und es entspricht auch dem protokollarischen Ablauf.

Zurück zu unseren Gästen, die 30 Mal applaudieren mussten. Das ist in Anbetracht dessen, dass unser Publikum wegen der Musik hier ist, tatsächlich ein bisschen üppig. Die Pointe folgt erst: Von keinem einzigen der namentlich begrüßten Ehrengäste bekam ich hinterher Lob oder gar Anerkennung, warum auch. Jedoch flüsterte mir ein Kollege bereits in der Pause zu, dass der Präsident der Briefmarkensammler gekränkt sei, da er als Einziger unerwähnt geblieben war. Ab diesem Zeitpunkt war mir klar, für alle Vertreter der örtlichen Vereine, Organisationen und Körperschaften gibt es künftig noch ein wertschätzendes Pauschal-Sprücherl, um auf Nummer sicher zu gehen und die Geschichte noch dazu deutlich abzukürzen:

Ein lieber Gruß gilt den Vertretern der Wirtschaft, der Bildungs- und Betreuungseinrichtungen, der Ärzteschaft, der regionalen Presse sowie den Abordnungen unserer Vereine, Verbände und Körperschaften.

Definitiv verstaubt ist die Bitte an die Presse um positive oder gar wohlwollende Berichterstattung. Mein Appell: Mach' was Gescheites, dann werden die Redakteure positiv berichten, andernfalls wird all unser Flehen nicht erhört werden.

Sorge für Abwechslung durch fantasiereiche, originelle Überleitungen

»Ich begrüße Herrn … weiters begrüße ich … ferner … überdies … und last but not least …«
Echt krass, wie zum Teil übergeleitet wird.

Ehe ich einige Textbausteine aus der Praxis liefern werde, komme ich rasch zu meinem Lieblingsthema »Since 2002« – »Last but not least«. Auf den ersten Blick ja gar nicht so schlimm, oder? Auch im Radio und Fernsehen ist dieser Mega-Sager zu hören. Die meisten Sprecher, Moderatoren und Redner setzen ihn auch korrekt ein. Und zwar kommt der »Last-but-not-least-Kracher« immer genau dann, bevor der Letzte begrüßt wird. Ich nörgle an diesem Punkt seit fast 20 Jahren, und das aus gutem Grund, wobei ich natürlich zugebe, dass es Geschmackssache ist, wie so vieles in der Rhetorik.

Aus dem Leben:

Der Obmann des örtlichen Trachtenvereins steht am Rednerpult. Ein waschechter Typ in Tracht nähert sich in seinem sympathischen Ennstaler-Dialekt dem Begrüßungsfinale und verkündet »Last but not least begrüßen wir unseren ... .« Das muss nicht sein! Außerdem könnte ich belegen, dass manche diese Floskel zwar richtig einsetzen – immer bevor der Letzte an der Reihe ist – jedoch gar nicht wissen, was sie ganz genau von sich geben. Gute Freunde und Bekannte wagte ich das schon zu fragen, mit ihren Übersetzungen lagen sie daneben. Übrigens trifft das auf so manches Fremdwort und Floskeln anderer Sprachen zu. Zum Glück fragt niemand nach, was das genau heißt oder bedeutet.

Zudem ist es auch in deutscher Sprache weder ratsam noch erforderlich, ausdrücklich darauf hinzuweisen. Klar, in jeder Reihung ist jemand der Letzte und wird deshalb nicht geringer geschätzt als der Erste. Wenn ich freundlich betone, dass wir uns über die Anwesenheit von Herrn ... sehr freuen, ihn begrüße und danach gekonnt zum nächsten Programmpunkt überleite, dann war niemand offiziell der Letzte.

Originelle Textbausteine

Seminarteilnehmer forderten bereits in meinen allerersten Seminaren vor fast 20 Jahren fertige Texte. Redevorlagen, die man für sich verwenden kann, ein paar Kleinigkeiten adaptiert, und los geht es. Solche Mustertexte gibt es in vielen Rhetorikbüchern und in großen Mengen auch im Internet. Ich habe diese Wünsche nie erfüllt, aus meiner tiefen Überzeugung heraus, dass du aus deiner Rede sprechen und zu erkennen sein sollst. Verwende deine eigenen Worte, die zu dir passen, die dir leicht über die Lippen kommen und für die du stehst.

Sehr gerne habe ich jedoch – schon damals – Textbausteine für unterschiedliche Anlässe formuliert, die ich in diesem Buch zur Verfügung stelle. Die Verwendung dieser Bausteine ist ganz einfach. Du suchst dir einen für dich passenden aus, und so er dir gefällt, verwende ihn 1:1. Das Gesamtbild deiner Rede bleibt trotzdem authentisch, da du ja nur einzelne Bausteine einsetzt. Viele berichten mir, dass ihnen damit der Anfang, ein Übergang oder der Schluss leichter fällt.

Es kann auch vorkommen, dass dir zwar der Sinn meines Gedankens gefällt, du jedoch spürst, dass es nicht ganz deine Worte sind. Dann verwende den Denkimpuls, den dir der Baustein gibt, und kleide diesen in deine eigenen Formulierungen. Daraus entstehen unglaublich schöne, neue Gedanken.

Hier nun ein Auszug zum Thema Textbausteine für Begrüßungsreden. Du wirst gleich erkennen, wie gut und wiederum simpel sie funktionieren, denn die Bausteine sind einzeln verwendbar und können auch chronologisch eingesetzt werden. Die folgende Darstellung ist eine beliebige Reihung.

Einstieg über Motto, Titel, Leitsatz:

Unter dem Motto »In zwei Stunden um die Welt« haben wir Sie zu unserem Herbstkonzert eingeladen. Wir freuen uns, dass …

Hier lässt sich jeder Titel, Leitsatz etc. einsetzen. Rhetorikseminare eröffne ich regelmäßig so: »*Erfolgreich reden, sicher auftreten.*« *Unter diesem Motto begrüße ich Sie zu unserem heutigen Seminar …*

Gruß an das Publikum, ehe im Anschluss – je nach Situation – die Ehrengäste einzeln oder en bloc begrüßt werden:

Unser herzlicher Willkommensgruß gilt Ihnen, verehrte Gäste, die aus Freude und Interesse an der Kunst gekommen sind …

Wertschätzung gegenüber den Gästen:

Ein Gastgeber freut sich, wenn die Einladung angenommen wird. Aus diesem Grund sind wir Ihnen für Ihr Kommen sehr dankbar …

Überleitung zum Block der Ehrengäste:

Die Anwesenheit zahlreicher Ehrengäste zeichnet unsere Veranstaltung besonders aus. Wir begrüßen heute bei uns …

Dieser Übergang kann wie eine Überschrift verwendet werden. Die zu begrüßenden Ehrengäste setze ich ohne

weitere Überleitungstexte darunter:
Bürgermeister Franz Maier (einzeln begrüßt, keinen Punkt setzen, Stimme bleibt oben)
Vizebürgermeisterin Maria Huber,
Gemeindekassier Josef Moser sowie
alle Damen und Herren des Gemeinderates
Wenn ich richtig betone und vor allem nach den Namen gleich weiterspreche, so stelle ich sicher, dass erst dort applaudiert wird, wo ich das vorgesehen habe.

Überleitungen zwischen den einzelnen Ehrengästen bzw. Blöcken:

Mit Freude begrüßen wir heute Abend bei uns …
Ebenso herzlich willkommen heißen wir in unserer Mitte …
Ein lieber Gruß gilt ...
Wir begrüßen sehr herzlich …
Eine Persönlichkeit ist nahezu immer dabei, wenn der Musikverein einlädt … willkommen bei uns in … (Ortsnamen anführen, wenn der treue Gast von auswärts kommt.)
Dass Herr/Frau ... in unserer Mitte ist, freut uns sehr. Begrüßen wir gemeinsam ... (als Alternative zur Phrase »Last but not least« beim letzten Ehrengast.)

Begrüße auch die Ehe- und Lebenspartnerinnen und -partner der Ehrengäste:

Wie halten wir es tatsächlich mit der Begrüßung der Ehe- und Lebenspartner von Ehrengästen? Weshalb werden manche begrüßt, andere nicht? Warum ist eine die charmante Gattin und eine andere Begleiterin »nur«

die Gattin? Das ist immer ein sehr dünnes Eis, so viel steht fest, Fettnäpfchen inklusive.

Aus dem Leben:

Bei einem großen Fest mit rund 2000 Besuchern gaben sich auch zahlreiche Ehrengäste ein Stelldichein. Ob aus tiefster Verbundenheit, um gesehen zu werden oder als Zeichen der Wertschätzung, spielt für unsere Zwecke keine entscheidende Rolle. Der Chef war für die offizielle Begrüßung zuständig. Er hatte sich auch gut darauf vorbereitet und trotzdem seine liebe Not mit jenen Ehrengästen, die in Begleitung erschienen waren. So wurde zu Beginn Bürgermeister Roland Raninger korrekt und charmant »in Begleitung seiner bezaubernden Ehefrau Elke« begrüßt. Dem Redner war klar, diesen flotten Spruch kann er nun keinesfalls x-fach bringen, selbst wenn er die Namen gekonnt wechseln würde. Ab dem vierten Paar war es nur noch »die Gattin«, danach »die Begleitung«, ehe einige Partner überhaupt weggelassen wurden. So ungerecht ist das Leben. Als Draufgabe noch ein Missgeschick. Ein Promi, so Mitte fünfzig, erschien mit seiner 30-jährigen Freundin. Prompt wurde der Herr in Begleitung seiner feschen Tochter begrüßt. Auf jeden Fall hatte der Begrüßer die Lacher auf seiner Seite. Besonders witzig fanden das jedoch nicht alle.

Um diesen Peinlichkeiten und Ungerechtigkeiten vorzubeugen, habe ich vor ein paar Jahren einen Satz aufgeschrieben, der dann kommt, nachdem ich die

Ehrengäste (ohne deren Begleitungen zu erwähnen) korrekt begrüßt habe.

Wir grüßen die Ehe- und Lebenspartnerinnen und -partner unserer Ehrengäste sehr herzlich. Schön, dass Sie bei uns sind.

Dieser Satz ist in all jenen Fällen praktisch, korrekt und höflich, wenn die Ehrengästeliste etwas länger ist. Lediglich im kleinen Kreis (bis zu drei Paare) können wir die Begleiterinnen und Begleiter namentlich nennen und mitbegrüßen.

Sag' WIR statt ICH, wenn du für eine Gemeinschaft sprichst

Vielleicht ist dir aufgefallen, dass die meisten Textbausteine in der Wir-Form geschrieben sind. Das hat gute Gründe. Bei all diesen Anlässen ist es so, dass ein Redner in Ausübung seines Amtes stellvertretend für eine ganze Gruppe spricht. Bitte in diesen Fällen immer die Wir-Form verwenden. Das ist Motivation pur für alle Mitglieder, Mitarbeiter oder Mitgestalter an unserer Seite. Viele gehen, aus reiner Gedankenlosigkeit, in die Ich-Form. Klar, ich stehe vorne am Pult allein und lege dann los: »Zu unserem Jubiläumsfest begrüße ich ...« Die Mehrzahl zu verwenden, ist nur eine kleine Änderung und erzielt intern wie extern eine immense Wirkung, da es das Gemeinsame, das Miteinander und den Teamgeist unterstreicht.

Wenn ich hingegen als Einzelakteur in einem Seminarraum eine Gruppe willkommen heiße und eine Veranstaltung eröffne, so tue ich das selbstverständlich in der Ich-Form. Auch wenn wir unser Unternehmen zu zweit führen, meine Frau und ich, begrüße ich, als einzig anwesender Vertreter unseres Hauses, die Teilnehmer. Selbstverständlich erzähle ich über die Rollenteilung bei uns und baue so meine Manuela sehr wertschätzend mit ein.

Zeige deine Freude und Begeisterung

Vielfach sind es die Aufregung und hohe Konzentration, die zu Beginn unser Gesicht ein wenig ernst erscheinen lassen. Wir betonen zwar, wie sehr wir uns freuen, zu sehen ist davon leider wenig. Zeige deine Freude und Begeisterung. So gelingt es dir am besten, dass der Funke auf dein Publikum überspringt.

Manchmal ist der Grund jedoch Enttäuschung. Wir haben alles top vorbereitet, unzählige Stunden investiert und nun sind noch so viele Besucherränge frei. Wie frustrierend. Jedoch können die, die gekommen sind, nun definitiv nichts dafür. Das erinnert mich an so manche Musikprobe längst vergangener Tage, bei der leider nur 20 von 50 Musikern erschienen waren. Der Kapellmeister ließ seiner Enttäuschung freien Lauf. Sein Frust richtete sich geradewegs auf jene, die anwesend waren.

Auch in unseren Seminaren, Vorträgen und Klausuren kommt es vor, dass der Veranstalter 24 Teilnehmer anmeldet, tatsächlich jedoch nur halb so viele kommen. Feinsäuberlich bereiten wir alles vor, inklusive der Unterlagen, wie es sich gehört. Um Punkt 19 Uhr finden sich dann exakt zwölf Personen ein. Liegt es am lauen Sommerabend, am geringen Interesse am Thema oder gar am Vortragenden? Fest steht, genau die zwölf, die gekommen sind, haben es verdient, mich gut gelaunt und in Höchstform zu erleben.

Daher beginne ich niemals mit »Schade, dass nicht mehr gekommen sind«. Ich zeige immer meine besondere Freude, heute eine erlesene Runde willkommen zu heißen, verknüpft mit dem Nutzen für den kleineren Kreis, da wir viel besser auf Wünsche und Themen jedes Einzelnen eingehen können.

Kernpunkte sind:
Gehe mit Struktur zum Ziel

- Positiver Einstieg (begeistert, humorvoll, erfreut, beeindruckt ...)
- Gruß an alle Besucher
- Ehrengäste und Mitwirkende
- Handlungsappell: Überleitung – Programm

Unterscheide Begrüßung und Anrede

Viele Besucher nervt es massiv, wenn bei einem Festakt oder einer Versammlung, jeder Redner aufs Neue alle Ehrengäste begrüßt. Die Herangehensweise ist ganz einfach: Unterscheide Begrüßung und Anrede. Das sind zwar ähnliche aber doch zwei grundverschiedene Dinge. Ersteres übernimmt der Vorsitzende, Hausherr oder Obmann zu Beginn der Veranstaltung. Unterm Strich gibt es somit bei einer Veranstaltung eine einzige Begrüßung. Darauf beziehen sich die bisherigen Ausführungen in diesem Kapitel.

Alle weiteren Redner beginnen, ähnlich einem Brief, mit einer Anrede. Ein allgemeines »Sehr geehrte Damen und Herren« wird dabei nicht ausreichen, um den Vorsitzenden, die versammelten Mitglieder, Gäste und Ehrengäste unter einen Hut zu bekommen.

Mein Praxistipp zur Anrede:

Spanne gekonnt einen Bogen über alle Anwesenden. Entscheide, wer aufgrund seines Ranges sowie seiner Funktion einzeln anzusprechen ist und wie du das Kollektiv wertschätzend erreichst.

Hier einige Beispiele:

Frau Präsidentin,
geschätzte Ehrengäste,
liebe Vereinsmitglieder!

Herr Landeshauptmann,
Frau Landesrätin,
geschätzte Abgeordnete,
hochwürdiger Herr Pfarrer,
sehr geehrte Damen und Herren!

Hohe Versammlung,
Herr Kommandant,
geschätzte Fest- und Ehrengäste,
liebe Kameradinnen und Kameraden!

Die Entscheidung, ob Ehrengäste besonders hervorgehoben werden, obliegt jedem Einzelnen von uns. Ich bin überzeugt, dass es in kaum einer anderen Rede so einfach möglich ist, sich ein Alleinstellungsmerkmal zu erarbeiten. Zeigen wir, dass wir wissen, wie es geht, sich fein dosiert mit Höflichkeit, Respekt und Wertschätzung seinem Publikum vorzustellen. Damit sorgst du für das Niveau der Veranstaltung.

Unterm Strich bietet eine gekonnt inszenierte Begrüßungsrede eine gute Chance, mit seinem »Gewusst-wie« bei den Gästen zu punkten. In den Seminaren betone ich dazu häufig, dass kaum ein anderer Anlass dermaßen viel Potenzial birgt, sich vom Phrasendreschen zu verabschieden und sich positiv vom Einheitsbrei abzuheben. Wenn du dir als Redner folgende Fragen stellst: »Wie erlebe ich solche Anlässe gerne, wenn ich als Gast in den Reihen sitze? Was empfinde ich als angenehm und passend? Was ist zu viel oder nervt mich?«, ist das auf jeden Fall eine sehr gute Orientierungshilfe. Wenn du zudem Mut zur Originalität hast und du dir neue erfrischende Formulierungen einfallen lässt, werden dir die Zuhörer dankbar sein. Baue gekonnt einen Spannungsbogen auf, so wird das Publikum das folgende Hauptereignis noch intensiver erleben und genießen. Viel Erfolg dabei!

BEMERKENSWERTE TRAUERREDEN

Dieses Kapitel liegt mir sehr am Herzen. Aus diesem Grund habe ich drei Trauerreden ausgewählt, die ich als Obmann des Musikvereins Stainach (in der heutigen Gemeinde Stainach-Pürgg) für liebe Menschen und deren Familien gehalten habe.

Werfen wir einen Blick hinter die Kulissen meiner Herangehensweise im Zusammenhang mit dem Tod von lieben Menschen.

Zudem ist es mir ein großes Bedürfnis, diesen Trauerreden, stellvertretend für viele andere, in diesem Buch einen Platz zu geben.

Ich bedanke mich bei den Familien für diese Möglichkeit und ihre positiven Rückmeldungen auf meine Anfrage zur Veröffentlichung.

Geschätzte trauernde Familie,
hochwürdiger Herr Pfarrer,
liebe Freunde, Bekannte und Wegbegleiter von
Karl Rataitz!

Der Lebens- und Leidensweg eines liebenswerten Menschen ist zu Ende. In diesen schweren Stunden besteht unser Trost für die Angehörigen oft nur darin, schweigend mitzufühlen. Lieber Karl, im Herzen und in unseren Gedanken sind wir bei dir. Wir begleiten dich heute auf deinem letzten Weg hierher zur Stätte des ewigen Friedens und verabschieden uns von dir. Ich werde nun keine übertriebenen, unglaubwürdigen Lobeshymnen sprechen, sehr viel wichtiger ist es mir, persönliche Gedanken, persönliche Wertschätzung und ehrlichen Dank auszudrücken.

Die Erinnerung ist ein Fenster, durch das wir dich sehen können, wann immer wir das wollen. Durch dieses Fenster sehen viele von uns gemeinsam Erlebtes und all jenes, das untrennbar mit dir in Verbindung steht. Durch dieses Fenster sehen wir, wie du – als politisch engagierter Bürger – uns Jungen gelehrt hast, dass Politik im Verein nichts verloren hat. Oder wie du – wenn notwendig auch lautstark – deinen Standpunkt vertreten hast und so immer wieder überzeugen konntest. Wie du menschliche Werte, Herzlichkeit, Wärme und deinen Sinn für Kameradschaft in die Musik eingebracht hast. So kann ich dir heute an deinem Grab bestätigen, dass all das gefruchtet hat, lieber

Karl! Manches in der Vereinsführung trägt heute noch unverkennbar deine Handschrift.

Viele der heute Anwesenden könnten unzählige lustige Begebenheiten, Geschichten und Erlebnisse erzählen. Ich als Obmann der Musik kann das zum Beispiel über jenen Musikanten, der als rühriges Urgestein der Big Band auf seiner Orgel unverkennbar spielte oder über den Schlagzeuger in der Musikkapelle, der stets, neben dem richtigen Takt, auch für die gute Laune zuständig war. Auch über den Funktionär, der durch Toleranz, Fleiß und Disziplin den Verein geprägt hat.

50 Jahre im Dienst der Blasmusik zu stehen, heißt 50 Jahre einen großen Teil der Freizeit zu investieren, heißt auch sich zu integrieren, einzubringen, unterzuordnen und stets zu trachten, Familie, Beruf und Musik unter einen Hut zu bringen. Für all das danken wir dir aufrichtig. Ein Teil von dir wird im Musikverein durch deine Tochter Manuela und ihre Familie weiterleben.

Wenn ich mich nun mit einem letzten Gruß von dir verabschiede, lieber Karl, werden das nach mir auch alle Musiker tun. Ruhe in Frieden!

Persönlich gewidmet meinem langjährigen Musikkollegen, Obmann-Stellvertreter und Ehrenmitglied des Musikvereins Stainach, Karl Rataitz.

Liebe trauernde Familie,
hochwürdiger Herr Pfarrer,
geschätzte Freunde und Bekannte unserer
Aloisia Taferner!

Das Leben eines wunderbaren Menschen ist zu Ende. Eine Familie trauert um eine liebe Angehörige. Wir Musiker tragen diese Trauer mit euch, weil wir mit Loise eng verbunden sind. Ja, wir sind es und werden es immer sein, denn eine emotionale Verbindung endet nicht mit dem Tode.

Wir verbrachten viele lustige, unterhaltsame wie auch besinnliche Stunden miteinander im Kreise der Musik. Wir lachten, diskutierten oder hörten einfach nur zu, wenn Loise aus ihrem Leben erzählte.

Heute begleiten wir dich auf deinem letzten Weg und nehmen Abschied. So knapp liegen Freud' und Leid, Wiedersehen und Abschied in unserem Leben nebeneinander.

Die Musik war immer ein Liebkind von dir. Du warst viele Jahre für uns da und hast uns unterstützt. Du warst auch eine große Gönnerin unseres Vereins. Das persönliche Verhältnis von uns beiden war etwas ganz Besonderes, und darauf bin ich sehr stolz. Ich spürte, dass du mich auch als jungen Obmann des Musikvereines und als Menschen ins Herz geschlossen hast. So etwas fühlt man einfach.

Als ich letzten Dienstag spontan zum Hörer griff, um nachzufragen, wie es dir geht, konnte ich nicht wissen, dass es die letzten Grüße sein werden, die ich habe ausrichten lassen. Seither denke ich nach, weshalb ich gerade am Dienstag angerufen habe, ich weiß es nicht. War es Zufall, Gefühl oder Gedankenübertragung. Jedenfalls bin ich froh, dass dich unsere Grüße noch erreicht haben.

Aus vielen Erzählungen weiß ich, dass Loises Leben nicht immer ganz einfach war. Harte Arbeit von frühester Jugend an prägten ihr Dasein. Ihre Person stand dabei nie im Vordergrund. Sie war immer für alle anderen da, für ihre Familie, ihre Arbeitgeber und für die Öffentlichkeit.

Nun bin ich nicht der Mensch, der am offenen Grabe unendliche Lobeshymnen spricht. Als Musikverein war es uns wichtig, Loise bereits zu Lebzeiten unser Gefühl, unseren Dank und unsere große Wertschätzung auszudrücken.

In unseren Herzen wirst du weiterleben. Ruhe in Frieden!

Persönlich gewidmet einer besonderen Unterstützerin des Musikvereins Stainach und geschätzten Bekannten, Aloisa Taferner.

Liebe trauernde Familie Zeiringer, liebe Helene,
hochwürdiger Herr Dechant,
geschätzte Freunde und Bekannte unseres Kameraden Hans Zeiringer!

Eine Familie trauert um ihren lieben Vater Zeiringer, eine Witwe um ihren geliebten Ehemann, wir als Musikverein um unseren langjährigen Musiker und unser Ehrenmitglied. Wir Musiker wollen diesen Weg mit euch gehen, euch trösten, euch hierher musikalisch begleiten auf diesem letzten Weg für unseren Hans. Die letzten Jahre waren für euch als Familie eine Prüfung und für Hans Zeiringer ein langer Leidensweg.

Heuer im Mai waren wir alle da, um unserem Kameraden zu seinem 85. Geburtstag zu gratulieren. Die Gemeindeführung war gekommen, die Vertreter der einzelnen Vereine und die Freiwillige Feuerwehr. Die Musik spielte im Zeiringer-Garten ein Ständchen. Am Krankenbett drückte ich Hans die Hand, und er sagte zu mir: »Dankschön für diesen schönen Marsch.«

Genau zehn Jahre zuvor war die Situation noch eine vollkommen andere. Wir alle feierten gemeinsam seinen 75er, es wurde musiziert, gesungen und gelacht. Hans war mittendrin. Einige Zeit später begann sein langer Leidensweg.

Auch wenn die Führung der Musik und die meisten Akteure in unserem Verein von heute einer anderen Generation angehören, so werden wir die Wertschätzung gegenüber unseren musikalischen Vorfahren weitergeben. Und so ist auch der Name Hans Zeiringer bis heute bei allen ein Begriff geblieben, obwohl nur mehr zwei Musiker dabei sind, die mit ihm gemeinsam musiziert haben.

Wenn der bitterste Schmerz vorüber ist und wir mit deinen Familienangehörigen, lieber Hans, beisammen sein werden, dann werden wir über gemeinsam Erlebtes und lustige Anekdoten wieder lachen können.

Du Hans wirst in unseren Gedanken weiterleben, wenn wir Geschichten erzählen, aus Zeiten, in denen du in unserer Mitte warst. Ruhe in Frieden!

Persönlich gewidmet dem langjährigen Musiker und Ehrenmitglied des Musikvereins Stainach, Gastwirt Hans Zeiringer.

Unzählige Male werde ich um Unterstützung gebeten, wenn jemand vor der großen Herausforderung steht, eine Trauerrede zu halten. Viele schätzen diese Rede als die schwierigste rhetorische Aufgabe überhaupt ein; emotional ist sie das auf jeden Fall. Wie oft musste ich damit ringen, um weitersprechen zu können bis zum bitteren Schluss. Für keine einzige meiner vielen, vielen Tränen habe ich mich je geschämt, niemals wurde ich dafür kritisiert, genau das Gegenteil war der Fall.

Inhaltlich ist die Trauerrede eine sehr einfache Rede. Für mich war und ist die Zeit der Ausarbeitung einer Trauerrede auch eine Möglichkeit, um mit dem Verstorbenen im Geiste für ein paar Stunden allein zu sein und mich gleichzeitig, auf meine Art, verabschieden zu können. Ich stelle mir den lieben Menschen vor, wie er war, und was wir alles gemeinsam erlebt haben. Ich erinnere mich an Suizidfälle, Unfallopfer und andere ganz plötzliche Todesfälle, die ich einfach nicht verstehen konnte.

Übrigens spreche ich in diesem Buch in erster Linie von jener Dimension des Abschiednehmens, wo du selbst in enger Verbindung zum Verstorbenen warst. Es geht hier also nicht um einen Nachruf auf Menschen, die wir kaum persönlich gekannt haben, jedoch Kraft unseres Amtes sprechen müssen bzw. dürfen.

Trauerreden erreichten mich schon immer in besonderer Art und Weise. Die meisten Menschen aus unserer Gemeinde, für die wir mit der Musik zum Abschied spielten, kannte ich. Manche sogar sehr gut, weil sie Nachbarn oder Bekannte meiner Familie waren. In all den Jahren entdeckte ich bei den unzähligen Rednern einige Parallelen. Manche waren richtig gut. Sie habe ich mir sehr gut eingeprägt, das was sie sagten, vor allem aber wie sie es taten und wie viel Zeit sie dafür verwendeten. Auch in diesem Kapitel geht es wieder um praktische Lösungen in Form von alternativen Zugängen, Werkzeugen und Textbausteinen.

Obwohl ich in dieses Kapitel, das mir persönlich sehr viel bedeutet, nun sogar noch direkter eingestiegen bin als in das Thema der Begrüßungsreden, gibt es nun wieder eine kurze Reise zurück in jene Zeit, als ich noch sehr jung war, so Mitte der 1980er-Jahre.

Mir fiel auf, dass bei kaum einer anderen Ansprache dermaßen übertrieben wird. Da war die Rede vom treusorgenden Ehemann und fürsorglichsten Familienvater, während ich wusste, dass er seine Frau und die Kinder schlug, trank und sein Geld lieber ins Wirtshaus anstatt nach Hause brachte. Ich erinnere mich auch an so manchen Firmenchef, der über den verstorbenen Mitarbeiter sprach, der offenbar der Fleißigste in der gesamten Firmengeschichte war. Gott behüte, dachte ich mir, nicht dass wieder einer deiner Leute stirbt, denn was sagst du dann? Da du den Superlativ bereits lautstark oder ganz leise eingesetzt hast, könnte das nun, streng genommen, bestenfalls der Zweitfleißigste der Geschichte sein.

Mein Praxistipp:

Sag' über einen Verstorbenen nur Gutes, setze dabei jedoch Superlative sparsam ein und hüte dich vor maßloser Übertreibung. Ich wage die Selbsteinschätzung, ein sehr pietätvoller Mensch zu sein und empfinde sehr viel Ehrfurcht im Umgang mit Verstorbenen und deren Familien. Daher werde ich diesem Thema auch im Buch behutsam und keinesfalls sarkastisch begegnen. Einige Beispiele verwende ich, um darauf meine teils alternativen Lösungen aufzubauen, die ich hier gerne zur Verfügung stelle.

Zu Beginn einer Trauerrede steht in der Regel, wie sonst auch, die Anrede. Selbstverständlich kannst du mit einer Strophe aus einem Gedicht beginnen. Häufig wird jener Spruch verwendet, der auf der Parte steht, schließlich wurde dieser mit viel Bedacht von den Angehörigen ausgesucht, danach setzt du mit der Anrede fort.

In geschätzten neun von zehn Fällen steht zu Beginn der Anrede die Geistlichkeit. Bei aller Wertschätzung gegenüber dem hochwürdigen Herrn Pfarrer vertrete ich aus voller Überzeugung die Ansicht, dass die wichtigsten unter allen Lebenden die engsten Angehörigen – Ehepartner, Kinder, Geschwister oder Eltern – des Verstorbenen sind! Daher steht die Familie für mich an erster Stelle.

Gleich zu Beginn klingen Trauerreden sehr ähnlich. Neben dem hochwürdigen Herrn Pfarrer wird die Trauerfamilie, gefolgt von der Trauergemeinde angesprochen. Die Rangfolge habe ich bereits erwähnt und wenn jeder »Trauerfamilie« und »Trauergemeinde« sagt, ist das wieder eine Phrase.

Dazu ein Textbaustein:

Geschätzte trauernde Familie, liebe Maria, (Anm.: Sollte ich zu einem nahen Angehörigen eine besondere Beziehung haben, dann spreche ich diese Person zusätzlich namentlich an) *hochwürdiger Herr Pfarrer, verehrte Freunde und Bekannte unseres lieben Alois!*

Damit haben wir alle angesprochen und unterscheiden uns von vielen anderen Rednern bereits zu Beginn. Die Menschen spüren, dass wir uns Gedanken gemacht haben.

»Tief erschüttert haben wir die Nachricht vom Tode unseres lieben Kollegen/Freundes entgegengenommen«, ist häufig zu hören oder »tief erschüttert stehen wir hier«. Diese Formulierungen sind inhaltlich korrekt, vielleicht drücken sie gar unseren Zustand der Erschütterung aus; daran gibt es keine Zweifel, jedoch kommen sie in die Schublade Phrasen und Floskeln. Vielleicht gerade deshalb sollte es unser Ziel sein, darüber nachzudenken, wie wir es anders, persönlicher und vor allem klischeebefreiter sagen können.

Textbaustein (Verändere ihn so, dass er für dich passt):

Der Lebensweg eines liebenswerten Menschen ging letzten Donnerstag jäh zu Ende. Ein schrecklicher Unfall hat unseren Rudi aus der Mitte seiner Familie, seiner Freunde und Kollegen gerissen.

Textbaustein (als Alternative):

Der Lebensweg eines liebenswerten Menschen ging letzten Donnerstag zu Ende. Eine Witwe trauert um ihren geliebten Ehemann, eine Familie um ihren Vater, Bruder, Opa, wir als Musikverein um einen geschätzten Musikfreund.

Während du das liest, stelle dir bitte vor, wie es klingt, wenn du die Trauerrede mit einer Strophe seines Lieblingsgedichtes beginnst, danach mit der alternativen Form der Anrede und einem der beiden angeführten Textbausteine fortsetzt. Ich bin überzeugt, das berührt, wirkt und ist in deinen finalen Worten (nicht in meinen) für dich stimmig.

Wie geht es inhaltlich weiter? Weder tadle noch nörgle ich in diesem Abschnitt des Buches. Ich beobachte nur, erzähle darüber und schlage konkrete Lösungen vor.

Warum hören wir bei manchen Trauerfeiern gleich mehrfach den Lebenslauf des Verstorbenen? Die Betonung liegt in dieser Frage auf dem Wort »mehrfach«. Wenn der Pfarrer, alternativ ein Angehöriger oder guter Freund, alle Stationen aus dem Leben des

Verstorbenen vorträgt, so ist das ein wichtiger und fester Bestandteil einer Trauerfeier. Daran wird nicht gerüttelt. Bei zahlreichen Begräbnissen oder Verabschiedungen kommen danach die einzelnen Vertreter ihrer Zunft an die Reihe: Bürgermeister, Firmenchef, Feuerwehr, Musikverein, Kameradschaftsbund usw.

Dazu mein Praxistipp:

Wenn sich alle Redner auf den spezifischen Wirkungsbereich ihres lieben Freundes (Gemeinde, Firma, Feuerwehr …) konzentrieren, so hören wir den klassischen Lebenslauf nur einmal und kommen zudem mit der Redezeit viel besser klar. Zusätzlich empfehle ich, sich mit anderen Rednern im Vorfeld abzustimmen.

Sprich im Vorfeld mit der Familie

Dazu eine sehr berührende Begebenheit: Ein sehr angesehenes, beliebtes Kaufmanns-Ehepaar in unserer Gemeinde Stainach-Pürgg war jahrzehntelang eng mit unserem Musikverein verbunden. Als die Frau, liebevoll von allen Elly genannt, wenige Tage vor ihrem Tod aus dem Krankenhaus nach Hause kam, war es kurz vor Weihnachten. Auf unserem Hauptplatz fand gerade ein Adventmarkt statt. Wir Musikanten spielten in der Abenddämmerung weihnachtliche Lieder, Jodler und Weisen. Das Haus der Familie Straßgschwandtner grenzt direkt an diesen Platz im Zentrum und so hofften wir, Elly würde unsere Klänge hören. Aus tiefem Herzen gaben wir unser Bestes für sie. Als Elly Straßgschwandtner einige Tage später ihre Augen leider für immer schloss, sagte ihr Ehemann, unser lieber Freund Erich: »Es war das schönste Geschenk für meine Frau, dass sie am Sonntagabend noch einmal ihre geliebte Musik hören durfte.«

Wenn wir nun die Verbundenheit der Verstorbenen zum Musikverein unterstreichen wollen, was wäre wohl treffender als diese Begebenheit zu Beginn zu erzählen. Das ist der wesentlich anspruchsvollere Pfad einer Trauerrede, als bloß Fakten und Jahreszahlen abzulesen. Jedoch sollten wir emotional einigermaßen trittsicher sein, wenn wir diese Abzweigung nehmen. Wie oft schon konnte ich durch den Schleier meiner Tränen den Text nicht mehr klar erkennen und interessanterweise wurde ich gerade für jene Teile meiner Trauerreden bisher immer am meisten gelobt. Nein, nicht wegen meiner super Rhetorik oder bombastischen Worte, sondern wegen meiner persönlichen Gedanken, Gefühle und Sensibilität.

Der Silberstreifen am Horizont

Ein fixer Bestandteil meiner Trauerreden ist ein Silberstreifen am Horizont. Ich bringe gerne auch einen Textbaustein dazu. Doch vorher versetzen wir uns in die Lage des engeren Familienkreises: Wenn ein lieber Mensch für immer von uns geht, ist das ein

Ausnahmezustand. Selbst wenn es für einen kranken, leidenden Menschen tatsächlich eine Erlösung war, wie in zahlreichen Gesprächen immer wieder betont wird, ist und bleibt es ein Ausnahmezustand. Es folgen die belastenden Tage bis zur Trauerfeier.

Plötzlich stehst du, ja du, vor dieser dir gut bekannten Familie. Ihr seid euch sehr vertraut und doch ist die Situation heute eine völlig fremde. Du sprichst zur Familie, und trotz aller Redegewandtheit lässt sich absolut nichts schönfärben, leugnen oder ändern. Nun kommt eine Passage deiner Rede, eher im Schlussdrittel, plötzlich werden für ein paar Augenblicke die Begriffe Trauer, Schrecken, Tod von Worten wie Sonne, wieder lachen können und mitten unter uns sein überholt. Manchmal gelingt es, in die versteinerten Gesichter und leeren Blicke den kleinen Funken von Hoffnung und Zuversicht zu zaubern. Dann haben unsere Worte mehr erreicht als das Ziel des würdevollen Abschiednehmens.

Textbaustein (an die Familie gerichtet):

Wenn der bitterste Schmerz der Trauer vorüber ist und wir gemeinsam mit euch wieder lachen können, liebe Maria, dann wird Rudi im Herzen in unserer Mitte sein.

Wie ich in der Einleitung zu diesem Kapitel bereits geschrieben habe, ist die Trauerrede emotional auf jeden Fall eine große Aufgabe. Mein Zugang: Stehe zu deinen Emotionen!

Aus dem Leben:

Im Jahre 1987 verstarb der Sohn der sehr angesehenen Musikerfamilie Kern in unserer Gemeinde im Alter von erst sechseinhalb Jahren. Beim Begräbnis nahm auch der Musikverein Aufstellung. Unser damaliger, sehr geschätzter Langzeitobmann trat ans Mikrofon. Er begann seine Trauerrede, wohl selten zuvor musste er das anlässlich des Todes eines Kindes tun, das spürten wir. Schon nach wenigen Sätzen stockte seine Stimme. Er unterbrach und versuchte fortzusetzen, doch es wurde immer schlimmer. Seine Gefühle überkamen ihn offensichtlich, und nach zahlreichen Anläufen, seine Rede zu Ende zu bringen, brach er ab, mit den herzlichen und berührenden Worten: »Pfiat' di, Gerald!«

Einzelne meiner heutigen Musikkollegen waren schon damals im Verein und erinnern sich an Geralds Begräbnis, das für uns alle herzzerreißend war. Ich hatte bereits seit meinem Eintritt in den Musikverein viel Respekt vor unserem Obmann, der auch autoritär war, wenn es die Situation erforderte. Die Trauerrede für Gerald verbinde ich mit ihm und diese Gefühle, die er als 81-Jähriger gezeigt hat, verstärkten meine große Wertschätzung gegenüber unserem ehemaligen Obmann.

Fachlich hat dieses Kapitel für mich einen immens hohen Stellenwert. Ich habe dadurch viel über mich gelernt. Was habe ich beim Redenschreiben in den stundenlangen Vorbereitungen geweint, wenn Freunde viel zu früh von dieser Welt gehen mussten.

So habe ich auch gelernt, mit meinen Emotionen umzugehen.

Hier ein paar gute Praxistipps dazu:

- Solltest du einzelne Textpassagen bereits in der Vorbereitung emotional nicht schaffen, dann entschärfe sie. Mache es dir damit etwas leichter. Die Rede bleibt trotzdem emotional und echt genug.
- Richte bei jenen Textstellen, die für dich am schwierigsten sind, den Blick bewusst in dein Manuskript. Vermeide gerade jetzt den Blick zur Familie, zum Sarg oder dem offenen Grab.
- Trage diese Abschnitte klar fokussiert sachlich vor (Emotionen gehen trotzdem nicht verloren).
- Mache längere Sprechpausen und atme tief ein und aus.
- Da deine Stimme leiser wird, vielleicht bricht, konzentriere dich auf sie und sprich bewusst kräftiger und etwas schneller als normal.
- Bereite dir einen Schlussatz und einen letzten Gruß vor, um die Rede auf jeden Fall abzuschließen.

In der Kirche oder auf dem Friedhof

Nachrufe und Trauerreden wurden früher meist am offenen Grab gehalten. In den letzten 15 bis 20 Jahren ist regional zu beobachten, dass die Reden verstärkt am Ende der Trauerfeier, des Requiems, in der Kirche stattfinden. Diese Veränderung ist gut und richtig. Ich spreche hier nicht für uns Redner, wir profitieren zwar auch, sondern für die Angehörigen.

Ehe die Familie am offenen Grab die allerschlimmsten Minuten des Abschieds ertragen wird müssen, ist die Situation in der Kirche etwas leichter zu meistern. Nach tröstenden Worten des Pfarrers, Umrahmung durch Chor und Musik, ist es sitzend ein bisschen einfacher als draußen bei Regen, Wind, Schnee, Kälte oder bei brütender Hitze. So du das beeinflussen kannst, vereinbare mit dem Pfarrer und der Bestattung, dass in der Kirche gesprochen wird. Damit linderst du den Schmerz der Familie zumindest ein klein wenig.

Wie lang soll meine Rede sein?

So lang, dass die Anwesenden sie als zu kurz empfinden. Die passende Länge hängt immer von mehreren Faktoren ab, die zu berücksichtigen sind. Im Trauerfall ist alles, so auch die Dauer jeder Rede, noch sensibler als sonst.

Meine Praxistipps:

- Versetzen wir uns in die Lage des engsten Familienkreises und nehmen wir Rücksicht auf ihre persönliche Situation und die äußeren Bedingungen (Kälte, Hitze, Gesamtdauer der Trauerfeier, Anzahl der Redner ...).
- Was ist meine Rolle? Bin ich Bürgermeister, der für die Gemeinde und vielleicht auch stellvertretend für Vereine spricht, oder bin ich einer von zahlreichen Vereinsvertretern, der sich verabschiedet?

Aus dem Leben:

Im Jahr 2006 verstarb unser sehr geschätzter Bürgermeister a. D. Josef Scherer ganz unerwartet. Sepp war überall sehr beliebt, gut vernetzt, und er hatte zahlreiche Funktionen auf regionaler Ebene inne. Es sollte ein großes Begräbnis werden, das war uns allen klar. Bereits am Tag nach seinem Tod trafen sich Vertreter der Gemeinde, des Pfarrverbandes, der Bestattung, Vereine, Organisationen und Körperschaften mit Sepps ältestem Sohn, um eine würdevolle Trauerfeier vorzubereiten.

Es war Mitten im Jänner, und der Wetterbericht meldete für die nächsten Tage Eiseskälte. Uns allen war klar, dass es keinesfalls eine Liste mit zehn Rednern geben darf. So entstand die Idee, dass innerhalb unserer Gemeinde stellvertretend einer für alle sprechen könnte. Im Grunde eine sehr gute Variante. Da jede Trauerfeier jedoch die allerletzte Möglichkeit ist, Danke zu sagen, verständigten wir uns schließlich darauf, dass jeder anwesende Vereinsvertreter die Möglichkeit bekommt, sich zu Beginn der Trauerfeier vor dem Gemeindeamt in zwei bis drei Sätzen zu bedanken und sich zu verabschieden. Wir standen alle nebeneinander, traten einzeln ans Mikrofon und hielten uns sehr diszipliniert an diese Vorgabe. So hatte jeder von uns die kurze Gelegenheit, an unseren Sepp noch letzte Worte zu richten. Eine Handvoll offizieller Trauerreden folgten später in der Pfarrkirche, und wir alle hatten ein grundsätzlich gutes Gefühl dabei, es so gemacht zu haben. Trotzdem bin ich überzeugt, dass es für die Familie – bei so einem großen Begräbnis – wohl eher Zusatzbelastung als Trost war.

Mit Struktur zum Ziel

Selbstverständlich unterscheidet sich eine Trauerrede in mehreren Belangen von anderen Reden. Trotzdem ist manches vergleichbar. Ich habe ein klares Ziel vor Augen, hole die Menschen ab und nehme sie mit auf die Reise bis ins Ziel. Wer in diesem Buch bereits die Techniken rund um die Redegerüste gelesen hat, weiß bereits, dass es ein Gerüst gibt, bei der eine Person im Mittelpunkt steht. Ursprünglich war diese Struktur ausschließlich für freudige Ereignisse gedacht.

Hier in kompakter Form:

1. Persönliche Beziehung (zu dieser Person)
2. Funktion, Leistung (Lob, Dank …)
3. Privates (Hobby, Familie, Leidenschaften)
4. Wünsche

Ich zeichne diese vier Bereiche gerne an ein Flipchart und erzähle dann meine Beispiele über Geburtstagsfeiern, Ehrungen und Hochzeiten. Vor ein paar Jahren meldete sich ein Teilnehmer zu Wort, der meinte: »Wenn ich mir das genauer ansehe, so kommt mir vor, das wäre auch für Trauerreden geeignet.« Nach maximal drei Sekunden folgte aus der Menge die Erwiderung: »Klar, überhaupt die Nummer 4, die Wünsche, passt recht gut!« Die ganze Runde klopft sich vor lauter Lachen auf die Schenkel. Ich lache fröhlich mit, wohl wissend, dass ich nach dem Verebben sagen werde: »Wenn wir aus Nummer 4 Wünsche an die Hinterbliebenen und einen letzten Gruß an den Verstorbenen machen, dann …« Ja dann – plötzlich sind sich 20 Leute einig, dass dieses Gerüst auch perfekt für Trauerreden geeignet ist. Lassen wir es so stehen. Ob es perfekt oder zumindest als Grundstruktur geeignet ist, das entscheidest du.

Stelle dir folgende Fragen:

- Wie fangen wir an?
- Womit setzen wir fort?
- Wie schließen wir ab?

Textbaustein – Das Fenster der Erinnerung:

Ein fester Bestandteil einer Trauerrede ist – mit oder ohne Redegerüst – ein Blick auf das, was untrennbar mit dem Menschen in Verbindung steht, womit wir theoretisch wieder beim Lebenslauf wären. So wir die Stationen auswählen, die uns verbinden (Feuerwehr, Musik, Gemeinde ...), ist das in Ordnung.

Textbaustein – ein besonders wirkungsvoller Übergang:

Die Erinnerung ist ein Fenster, durch das wir dich sehen können, lieber Rudi, wann immer wir das wollen. Durch dieses Fenster sehen wir gemeinsam Erlebtes und alles, das untrennbar mit dir in Verbindung steht.

Im Anschluss gehen wir auf eine Handvoll dieser Eigenschaften, Leistungen und Wesenszüge ein, die unseren lieben Verstorbenen ausgemacht haben. Diese Metapher mit dem Fenster bewirkt Unglaubliches. Ich bekam Rückmeldungen von Trauergästen, die sich während meiner Rede ein ganz bestimmtes Fenster vorgestellt und sich an Rudi als Nachbarn, Kollegen, Freund oder als Familienmitglied in einer ganz bestimmten Situation erinnert haben. Die meisten hatten ihre eigenen berührenden Punkte, die sie mit ihm verbanden.

Aus dem Grund ist dieser Textbaustein in den vielen Seminarjahren zu meinem besonderen Favoriten im Zusammenhang mit bemerkenswerten Trauerreden geworden.

Nun könntest du sofort einwenden: »Erwischt! Auch du verwendest Phrasen und Klischees.« Ich würde dir, dankbar für diesen Einwand, bescheiden erwidern, dass dafür mein Bekanntheitsgrad wohl viel zu gering ist, um meine Formulierungen zu Phrasen werden zu lassen. Dass wir Redner jedoch unsere persönlichen Lieblingsformulierungen in unserem Wirkungsbereich generell sparsam einsetzen sollten, das empfehle ich in diesem Zusammenhang jedenfalls. Daher setze ich diesen Baustein mit Bedacht, gut dosiert, ein.

Textbaustein (eine Alternative):

Wie war Rudi als Mensch? (Rhetorische Frage)

Rudi war eine Persönlichkeit, die immer das Positive an anderen Menschen gesucht und gefunden hat. Er strahlte dabei viel Ruhe aus, zeigte Einfühlungsvermögen und war ein guter Zuhörer. Rudi mochte uns und wir ihn! Ich erinnere mich …

Textbaustein:

Es fällt in diesen Stunden schwer, die richtigen Worte zu finden. Trotzdem werde ich versuchen, im Namen unseres Vereins, eine Geschichte über unseren Rudi zu erzählen …

Der Schluss deiner Trauerrede

Du bist sicher auf dem Weg. Deine Formulierungen sind gut, verständlich und wirkungsvoll. Auch deine Emotionen hast du voll im Griff, was dich fast ein wenig überrascht, hattest du in den letzten Tagen beim Üben schon deine liebe Not damit. Jetzt kommt das Finale, und das hat es in sich. Ich habe dazu bereits Gehörtes in meinem Kopf, das definitiv ungeeignet ist, es in einem Buch abzudrucken. Ja, so arg! Der peinliche Schluss-Sager »Pfiat' di und bleib schön g'sund!« gehört da noch zur harmloseren Fettnäpfchen-Kategorie.

Allgemeiner Praxistipp für den Redeschluss:

Bereite dir die Schlusssätze von Trauerreden besonders gut vor, konzentriere dich ganz auf deinen Text und die Aussprache jedes einzelnen Wortes. Warum so viel Aufsehen rund um den Redeschluss? Deine letzten Sätze und Worte aller Reden (nicht nur im Trauerfall) bleiben auf jeden Fall in Erinnerung. Wenn sie besonders wirkungsvoll sind, tun sie das, wenn sie weniger gut sind, sogar noch mehr.

Sehr häufig ist in Trauerreden zu hören, wie auch in Traueranzeigen zu lesen: *Wir werden ihm stets ein ehrendes Andenken bewahren.* Ich denke, der Grund, weshalb wir gerade diese Redewendung so häufig hören, ist wie bei anderen auch, dass sie verwendet wird, weil sie jeder verwendet. Diese Formulierung haben wir im Ohr, korrekt ist sie auch, also setzen wir sie ein, ohne über

Alternativen nachzudenken. Für alle Floskeln gilt, dass wir sie einerseits sparsam einsetzen und auch kritisch hinterfragen sollten. Bin ich damit einverstanden, setze ich sie ein, habe ich was viel Besseres auf Lager, unterscheide ich mich von zahlreichen anderen Rednern. Vor allem ersuche ich darauf zu achten, dass unsere Reden – bei Freud' und Leid – mehr bieten als eine Anhäufung von Klischees und Redewendungen, um am Ende nicht der Kritik ausgesetzt zu sein »Viel geredet, nichts gesagt!«

Spreche ich den Verstorbenen direkt an oder rede ich über ihn?

Beides ist möglich. Gut eingesetzt, können wir in den einzelnen Passagen wechseln. So sprechen wir Teile der Rede über den Verstorbenen und andere Abschnitte richten wir direkt an ihn. Das persönliche Ansprechen verstärkt den emotionalen Ausdruck und ist besonders geeignet, um sich ein letztes Mal zu verabschieden.

Textbaustein (für den Redeschluss):

Wenn ich mich nun von dir verabschiede, lieber Rudi, werden das gemeinsam mit mir auch alle Musikerinnen und Musiker tun. In unseren Herzen wirst du weiterleben. Pfiat' di.

Textbaustein (eine Alternative dazu):

Wir haben mit Rudi einen Menschen verloren, der nicht zu ersetzen sein wird. Du wirst in unseren Gedanken sein, lieber Rudi, wenn wir Geschichten erzählen, aus Zeiten, in denen du noch in unserer Mitte warst. Ruhe in Frieden!

Bei allen Textbausteinen (zu unterschiedlichen Redeanlässen) gilt, dass diese Formulierungen zwar in meinem Kopf entstanden sind, du aber musst entscheiden, ob der Grundgedanke, die Form und die Worte für dich passen. Nütze den Denkimpuls und formuliere deine Rede so, dass sie dir entspricht und du authentisch bist!

Wichtige Praxistipps am Ende dieses Kapitels:

- Schreibe deine Trauerreden selbst.
- Setze dich intensiv mit der Situation auseinander.
- Präge dir deine Rede gut ein, damit du sicher bist.
- Üben, üben, üben ...
- Stell' dich hin und nütze die allerletzte Chance, um würdevoll Danke zu sagen.

Dieses Buch entstand während der COVID-19-Krise. Trauerfeiern waren in Österreich bis 30. April 2020 nur im engsten Familienkreis möglich. Ab 1. Mai galt, dass maximal 30 Personen teilnehmen dürfen. Selbstverständlich stellte ich mir in jenen Stunden, als ich dieses Kapitel schrieb, mehrfach die Frage, wie Begräbnisse in Zukunft ablaufen werden. Werden Trauerfeiern auch danach völlig anders und im engeren Kreis stattfinden?

Persönlich ist mir dieser Teil eines würdevollen Abschiednehmens am Ende des irdischen Daseins von Menschen sehr wichtig. Ich gehe davon aus, dass wir diese Werkzeuge irgendwann – vielleicht noch nicht beim Erscheinen dieses Buches – wieder gut einsetzen können, wie auch immer Trauerfeiern in der Zukunft sein werden.

DEIN AUFTRITT BITTE

Ein gutes Auftreten zu haben, ist eine Auszeichnung, die Jung und Alt, Frau und Mann guttut. Woraus setzen sich Auftreten und Auftritt zusammen? Ganz schön vielfältig die Geschichte und doch sehr simpel.

Begeistert studiere ich die Auftritte und Reden des ehemaligen Präsidenten der Vereinigten Staaten von Amerika, Barack Obama. In Seminaren und Publikationen wähle ich meine Beispiele aus der Politik mit viel Bedacht und Fingerspitzengefühl, stets verbunden mit der Bitte, politische Gesinnungen für diesen Zweck unbeachtet zu lassen.

Barack Obama beherrscht die Klaviatur der großen Inszenierung erstklassig und ist rhetorisch ein wahrer Könner. Er sucht den Blickkontakt mit dem Publikum und setzt effektvolle Pausen. Obama ist ein Meister der scheinspontanen, hoch emotionalen Rhetorik. Manchmal hört es sich an, als versage ihm die Stimme, im selben Moment holt er ein Taschentuch aus dem Anzug, um sich damit eine Träne im Augenwinkel zu trocknen. Sind das bloß Theatertränen, eine Art künstliche Rührung? Auf jeden Fall sieht die Geschichte sehr echt aus. In einer antiken Botschaft heißt es: »Wer sein Publikum hinreißen will, muss selbst hingerissen sein.«

Während er im Augenblick ungezwungen lässig wirkt, ist er im nächsten Moment staatsmännisch. Obamas

Rede anlässlich seines letzten Deutschlandbesuchs als Präsident 2016 war aufgebaut wie aus dem Lehrbuch: Am Anfang das, was Rhetoriker das Greifen nach dem Wohlwollen des Auditoriums nennen. Er lobte Kanzlerin Angela Merkel, betonte die Freundschaft zu Deutschland und den anderen Bündnispartnern. Ein Satz aus dieser Rede wird in besonderer Erinnerung bleiben: »Ich muss gestehen, das deutsche Volk hat in meinem Herzen einen ganz besonderen Platz.« Erinnert beinahe an den Satz »Ish bin ein Bearliner«, den der junge amerikanische Präsident John F. Kennedy am 26. Juni 1963 vor dem Schöneberger Rathaus sprach.

Zurück zu uns selbst. Selbstverständlich werden wir keine großen Redner kopieren. Trotzdem können wir von den Besten lernen. Auch bei unseren kleinen und großen Auftritten geht es um Ersteindruck, Inszenierung und die Kunst der Überzeugung. Stellen wir uns vor, wir sitzen selbst im Saal. Wem hören wir lieber zu? Einem, der sicher und souverän eine natürliche Autorität ausstrahlt? Der führt, die Situation beherrscht und klare Ansagen macht? Oder einem »Hascherl«, das verschreckt auf der Bühne steht? Die meisten Menschen wünschen sich einen Redner, der selbstbewusst auftritt, sein Publikum an der Hand nimmt und ihm ein gutes Gefühl des Vertrauens gibt. Seien wir Pilot und nicht Passagier.

Bereits vor mehr als zweitausend Jahren haben sich Philosophen, Juristen und Rhetoriker, wie Aristoteles und Marcus Tullius Cicero, Fragen nach der Beziehung zwischen der äußeren Erscheinung eines Menschen, seiner Körperhaltung, Mimik und Gestik, seiner Kleidung, seinem Schmuck, seinem Verhalten einerseits und seinem Inneren andererseits gestellt. Die antike Rhetoriklehre wirkt bis heute fort.

Was macht eine erfolgreiche Rede aus?

- Die Glaubwürdigkeit des Redners.
- Die Tragkraft seiner Argumente.
- Die Gefühle, die er beim Publikum hervorzurufen vermag.

Die drei Säulen der Rhetorik – Ethos, Logos und Pathos – beschreibt schon der griechische Philosoph Aristoteles im allerersten Lehrbuch der Rhetorik. Seine Regeln sind aktuell, die Rezepte nach wie vor alltagstauglich. Für uns als Redner ist von großer Bedeutung, durch welche Brille uns das Publikum wahrnimmt. Wenn wir zu sprechen beginnen, wird unsere innere Verfassung auch im Klang der Stimme hörbar.

»Anlauf und Absprung« sind vorentscheidend

In vielen Kommunikationsratgebern steht geschrieben, dass der erste Eindruck, den wir auf andere machen, zu 55 Prozent von Körpersprache (allem Sichtbaren), 38 Prozent von Stimme und Tonfall und nur zu 7 Prozent vom Inhalt abhängig ist. In den Seminaren haben wir dazu immer unseren Spaß, wenn jemand sagt: »Ja dann! Schauen wir einfach, dass wir fesch und sicher rüberkommen, der Rest ist egal.« Klar amüsieren wir uns darüber, ich lache mit, ehe ich einige von unzähligen Beispielen auspacke, die ich dazu auf Lager habe.

Stelle dir vor, du kommst in ein Schuhgeschäft und siehst dich um. Ein Verkäufer pirscht sich an, seine Hände schlaff an der Hosennaht hängend, kein Funkeln in den Augen, wie auch die gesamte Mimik und Gestik wenig Begeisterung zeigen. Und um noch eins draufzusetzen – sehr schlampig gekleidet ist er obendrein. So unmotiviert wie er vor dir steht, klingt auch seine Stimme. Deiner Frage, ob es dieses Schuhmodell in deiner Größe gebe, folgt die von Müh' und Plag' getragene Antwort: »Da müsste ich ins Lager gehen, um nachzusehen.« Gesagt und schleicht davon.

Obwohl wir zu diesem Zeitpunkt über die Fachkenntnisse des Verkäufers an sich keinerlei Urteil abgeben können, steht fest, der Ersteindruck ist stark ins Minus gerutscht, wenn wir von einer gedachten Nulllinie ausgehen. Oder verglichen mit dem Skispringen: Passen Anlaufgeschwindigkeit und Absprung nicht, wird es wohl kein neuer Schanzenrekord.

Im Geschäft wartest du geduldig, schließlich brauchst du dringend neue Schuhe. Irgendwann kommt er zurück, der junge Mann aus dem Lager. Der Verkäufer legt nun los als gäbe es kein Morgen mehr. Er läuft zu einer sensationellen Form auf. Dass er fachlich – subjektiv betrachtet – wahrscheinlich einer der besten Schuhverkäufer weltweit ist, davon überzeugt er dich soeben.

Jene, die das Buch vorne zu lesen begonnen haben, wissen bereits, dass ich in meinen Beispielen bewusst maßlos übertreibe, damit sie hoffentlich gut in Erinnerung bleiben. Du entscheidest dich für ein Modell, bezahlst, freust dich über die neuen Schuhe und ziehst von dannen. Möglich, dass dir der Ersteindruck gar nicht mehr bewusst in Erinnerung ist, schließlich hattest du, was du wolltest.

Auf meiner gedachten Skala ist der Verkäufer durch seine spätere Glanzleistung von zuerst »minus X« ausgehend, mit Sicherheit steil emporgeklettert. Trotzdem hat er die Chance, durch deine Brille von Anfang an positiv bewertet zu werden, kräftig verspielt. Du weißt längst, dass sich dieses alternative Schuhverkäuferbeispiel auf jede Bühne oder an jedes Rednerpult verlagern lässt. Ich verwende sehr gerne Beispiele aus vertrauten Alltagssituationen, denn es gibt klare Parallelen.

Spätestens jetzt heißt es in den Seminaren zu diesem Beispiel häufig: »Hauptsache fachlich hat er sich ausgekannt. Alles andere ist doch nicht so wichtig.« Oder »Hätte er dem Kunden zu Beginn etwas vorspielen sollen? Er ist halt, wie er ist.« Hoffentlich geben wir uns alle so, wie wir sind, und er hätte kein Theater inszenieren sollen, um zu punkten. Freundlichkeit beginnt im Herzen und wird zuerst bei Augen und Mund sichtbar. Schwungvoller Gang, die Hände locker und handlungsbereit oberhalb der Gürtellinie – ich wette, selbst die Stimme klingt nun freundlicher, angenehmer und dynamischer. Die (Flug-)Kurve insgesamt ist eine andere und darauf will ich hinaus. Nützen wir diesen Startvorteil für eine starke Gesamtperformance.

Das gilt ebenso für andere Auftritte. Wir machen überall einen ersten Eindruck, auch einen Gesamteindruck, bekommen jedoch kaum ein klares Feedback dazu. Je höher unsere Position, desto seltener werden Menschen direkt darauf angesprochen. Wer traut sich, dem Vorstandsvorsitzenden zu sagen, dass er arrogant wirkt, sich die Schuhe putzen oder wieder einmal zum Friseur gehen soll.

Gehen wir nun gemeinsam auf die Rhetorikbühne. Dort wie da gelten die gleichen Gesetze, es geht um die Beziehung zum Publikum. Das ist heute unser Kunde. Wahrscheinlich kaufen viele von uns, einem sympathischen Menschen, lieber etwas ab – und das nicht nur im Schuhgeschäft oder beim Autohändler.

Die erste Entscheidung fällt vor dem Kleiderschrank

In einem unserer ersten Rhetoriktrainings vor rund zwei Jahrzehnten saß eine junge Frau im gemütlichen, schwarzen Kuschelpullover und der bequemsten Hose, die sie besaß. Sie trug ihren Lieblingssportschuh, an dem der Zahn der Zeit wohl nicht erst seit dem letzten Sommer nagte. Für die Teilnahme an unseren Seminaren entspricht dieses Outfit selbstverständlich voll und ganz. Als wir zum Thema »Mein Auftritt« kamen, sagte sie: »Ich fühle mich in dieser Kleidung so richtig wohl. Das bin ich! Ist es in Ordnung, wenn ich bei meinem nächsten Vortrag für unseren wichtigsten Geschäftspartner in diesen Klamotten auftrete?« Sie war überzeugt davon, ihre Leistung dann am besten abrufen zu können, wenn sie sich kleidet, wie es für sie passt und in der sie sich wohlfühlt, anstatt sich in ein Kostüm oder den Hosenanzug zu zwängen.

Auch wenn es nicht gleich das schicke Kostüm oder der elegante Anzug sein muss, gilt:

- Die Kleiderwahl ist ein Zeichen des Respekts und der Wertschätzung meinen Zuhörern gegenüber.
- Sauber und gepflegt sind dazu die Schlüsselbegriffe.
- Natürlich soll ich mich wohl und vor allem sicher fühlen.

Diese Mischung gibt es tatsächlich, die Bandbreite reicht von sportlich-elegant, lässig, leger, klassisch bis hin zur Festtagstracht, dem Dirndl und der Lederhose.

Wahrscheinlich wissen wir alle, wie es sich anfühlt, mit dem falschen Outfit bei einer Veranstaltung zu erscheinen. Ganz zu schweigen von einem Fleck am Hemd oder einer Laufmasche am Strumpf, einem abgesprungenen

Knopf oder einer geplatzten Hosennaht. Pannen, die sich auf die Schnelle nicht beseitigen lassen. Das Gefühl ist kein Gutes. Zu meinen Auftritten nehme ich beispielsweise seit Jahren ein Reservehemd mit, das in einem Kleidersack im Auto hängt. Meist bringe ich es ungebraucht wieder nach Hause. Trotzdem gibt es mir eine gewisse Sicherheit, es zu haben, falls ich es brauche.

Um passend gekleidet zu sein, nütze ich immer drei Ebenen:

- Was passt zu Rahmen und Anlass?
- Womit fühle ich mich wohl und sicher?
- Was meint meine Manuela dazu?
  Denn sie hat eindeutig den besseren Geschmack.

Freunden wir uns damit an, dass wir gesehen, gehört und beurteilt werden. Wir werden selbstverständlich gemustert, bereits auf dem Weg zur Bühne. Gehen wir daher dynamisch und voller Energie nach vorne. Wir werden gescannt von oben bis unten und zurück. Ich mache das ebenso, wenn ich im Publikum sitze, du auch?

Aus dem Leben:

Ich liebe Auftritte, bei denen es ordentlich zur Sache geht. Je mehr Leute im Saal, desto lieber, und je mehr Action, desto besser. Im Zuge der Gemeindestrukturreform in der Steiermark war ich 2014 stark gefordert,

Einigkeit in Gremien herzustellen, wo in einzelnen Regionen ab 2015 bis zu zehn Gemeinden zu einer neuen Kommune fusioniert werden sollten. So stand ich eines Abends in der großen Halle eines Feuerwehrhauses vor rund 60 Personen. Gekleidet war ich in Jeans, kariertem Hemd und grünem Trachten-Gilet. Anfangs verlief alles sehr friedlich, die Beteiligten schienen sich einig bezüglich der personellen Weichenstellungen für die Zukunft zu sein. Plötzlich kamen Vorschläge hinsichtlich der Bürgermeisterkandidatur für die künftige Großgemeinde. Im Handumdrehen war klar, vier der fünf bisherigen Ortschefs wollten als neue Nr. 1 ins Rennen um das Bürgermeisteramt gehen. »Kampfabstimmung« – lautete die Parole.

Ich krempelte die Ärmel hoch, sprach mit sehr lauter Stimme und ausdrucksstarken Gesten. Ich fühlte mich sicher, geerdet und fand dadurch ganz leicht die richtigen, eher rustikalen Worte. Es gab keine Kampfabstimmung, jedoch rasch Einvernehmen in der Spitzenkandidatenfrage und einen gemeinsamen Blick nach vorne. Ich mag solche Situationen einfach. Natürlich waren weder meine Kleidung noch die Körpersprache für den Erfolg hauptverantwortlich. Fest steht jedoch, dass ich mir in dieser Runde im schwarzen Nadelstreif mit Hemd, Krawatte und goldener Uhr etwas schwerer getan hätte, die Lage zu beruhigen, um gemeinsam die beste Lösung zu finden. Seither kleide ich mich so, dass ich mich einerseits in der Situation sicher fühle und andererseits gut zur jeweiligen Runde passe.

Erde dich gut – das macht dich sicher

Das Publikum kann nicht in uns hineinschauen, so viel steht fest. Daher wissen nur wir selbst, wie es in unserem Inneren gerade jetzt aussieht. Auf jeden Fall können wir durch unsere Körpersprache jede Menge Sicherheit vermitteln. Erde dich gut, stehe sicher, dein Gewicht auf beide Fußsohlen verteilt. Wie breit unser Stand ist, entscheiden wir individuell. Bitte nicht übertreiben, denn mit einer breitbeinigen »John-Wayne-Haltung«, vielleicht mit den Händen in den Taschen oder in die Hüften gestemmt, sammeln wir keine Sympathiepunkte.

Aus dem Leben:

An einem Samstagmorgen startete ich in Graz ein Seminar. 40 Personen waren im Saal. Jahrelang erklärte ich bis zu diesem Zeitpunkt, was es mit dem geerdeten Stand alles auf sich hat. Wie in zahlreichen Büchern dargestellt, ist von einem hüft- bis maximal schulterbreiten Stand die Rede. So erklärte ich das zum dreitausendsten Mal immer wieder neuen Seminarteilnehmern. Plötzlich sprang eine Frau auf und stellte sich in den Mittelgang. Mit gegrätschten Beinen stand sie da und verkündete: »Wie breit ich stehe, lasse ich mir von niemandem vorschreiben!« Sie hatte recht. Wir entscheiden und verantworten das unterm Strich selbst.

Den geerdeten Stand erlernte ich lange vor meiner ersten Berührung mit dem Fach Rhetorik. Und wieder geschah das im Musikverein. Im Rahmen einer Generalprobe musste ich für ein Posaunensolo ganz nach vorne. Ich erinnere mich nicht mehr, wie ich dort stand. Wahrscheinlich zappelte ich unsicher von einem Bein auf das andere. Eine liebe Kollegin – eine angehende Berufsmusikerin – sagte zu mir: »Wenn du morgen beim Konzert auf die Bühne kommst, bitte stell' dich ordentlich hin!« Sie erklärte mir, was sie meint und was es mit einem stabilen Stand alles auf sich hat. Frei nach dem Motto: »Da stehe ich, gut geerdet und jetzt zeige ich euch, was ich kann.«

Selbst hinter dem Rednerpult, wo unsere Beine und Füße gar nicht zu sehen sind, ist das entscheidend. Wenn wir wippen, pendeln oder zappelig auf der Bühne stehen, so wird das auf jeden Fall bemerkt. Anderseits sind wir auch nicht festgenagelt auf unserem Platz. Hinter einem Pult ist der Aktionsradius geringer als auf einer großen Bühne. Ein kleiner Schritt zur Seite, nach vor oder zurück, ist immer drinnen. Auf einer großen Fläche ohne Rednerpult sind die Möglichkeiten gleich noch vielfältiger. Trotzdem ist meine Bewegungsfreiheit von der Rolle und Aufgabe abhängig. Der Moderator, der durch den Abend führt, hat dabei mehr Spielraum als der Bürgermeister, der ein paar kurze Grußworte spricht.

Wohin mit den Händen? Setze sie ein!

Eine häufig gestellte Frage in den Seminaren lautet: »Was mache ich mit meinen Händen?« Setze sie ein! Unsere Gesten sollen am besten dem sogenannten rhetorischen Rahmen entspringen. Das ist der Bereich zwischen Hüfte und Kopf. An einem Rednerpult ist das sehr einfach, ich lege meine Hände locker an die Manuskriptablage. Die Frage »Wohin mit den Händen?« stellt sich primär in jenen Phasen, in denen ich gerade nicht gestikuliere. Genau dann lege ich eine oder beide Hände am besten dorthin. »Locker« ist dazu der Schlüsselbegriff. Kein Festhalten und Klammern.

Hier komme ich nochmals auf Barack Obama zurück: Er setzt seinen ganzen Körper ein. All seine Gesten sind sehr wirkungsvoll. Dabei ist nicht gemeint, wild gestikulierend auf der Bühne zu stehen. Es geht um unsere Wirkung, und dazu sind Arme und Hände wichtige Instrumente.

Bei einem Festakt beobachtete ich einen Redner. Sein Trachtenanzug stand ihm gut, er passte auch zur Veranstaltung an diesem Sonntagvormittag. Bereits nach den ersten Worten versank seine linke Hand in der Hosentasche. In seiner Rechten hielt er das Mikro. Für das Publikum kein schöner Anblick, mitansehen zu müssen, wie seine Finger mit Autoschlüssel oder Kleingeld in der Hosentasche spielten. Manche Männer meinen: »Somit sind beide Hände beschäftigt.«

Bitte das Kopfkino gleich wieder abschalten, und – Hand aufs Herz – gar so lässig, wie manche glauben, ist das nicht.

Die Lösung ist einfach:

Die größte Herausforderung und gleichzeitig die offenste Form, sich dem Publikum zu präsentieren, ist, ohne Pult und Tisch auf der Bühne zu stehen. Beispielsweise ist ein Kugelschreiber ein passendes Werkzeug, wie das täglich in den TV-Nachrichten zu sehen ist. Beide Hände sind sichtbar und von hier aus setzen wir unsere Gesten. Auch Moderationskarten oder Flipchartstifte sind dazu geeignet, je nach Situation. Alles okay, so lange wir nicht pausenlos damit spielen. Ein Dauerklicken des Kugelschreibers nervt ebenso wie das Knacken beim ständigen »Auf-zu« der Kappe des Filzstiftes. Daher lege ich dieses Werkzeug zur Seite. Wir haben unsere Hände zur Verfügung und diese berühren sich vor der Körpermitte.

Unpassend ist die sogenannte »Freistoßhaltung« unterhalb der Gürtellinie. Sie wirkt sehr unsicher und ist zudem schrecklich anzusehen. Wir können eine Hand in die andere legen, möglichst entspannt. Betende Hände, verkrampfte Figuren mit steifen Fingern zu formen oder die Bildung einer Raute empfehle ich zu vermeiden.

Viele Seminarteilnehmer, darunter auch sehr erfahrene, übernehmen meine Empfehlungen und finden ihre

Position, in der sie sich wohlfühlen. Manche »alte Hasen« seufzen und meinen: »Wieso bin ich da nicht selbst draufgekommen?« Egal, jetzt wissen wir es und das ist die Hauptsache.

Suche den Blickkontakt mit dem Publikum

Häufig ist zu beobachten, dass Redner, Vortragende oder Lehrer den Blick entweder primär auf einzelne Bereiche des Auditoriums richten oder einzelnen Personen besonders viel Aufmerksamkeit schenken, während andere Teilnehmer weniger bis gar keine Beachtung erfahren. Woran das liegt? Das mag unterschiedliche Gründe haben.

In einem Rhetoriktraining für Politiker in Graz bekam ich diese Frage von einem engagierten, positiv wirkenden, freundlichen Mann, der zudem durch seine Körpergröße alle anderen überragte. Er meinte, dass er nicht verstehen könne, weshalb er in Sitzungen, Schulungen und anderen Veranstaltungen ständig von den Vortragenden im Zentrum der Aufmerksamkeit stehe. Ich zählte, neben seiner Körpergröße, all seine positiven Eigenschaften auf und schloss ab mit der Frage: »Vielleicht liegt es daran?«

Wir Vortragenden lassen uns diesbezüglich sehr leicht vom Publikum lenken, so viel steht fest. Selbst Routiniers fallen darauf rein. Wenn du das nächste

Mal in einer einigermaßen überschaubaren Gruppe sitzt, versuche besonders aufmerksam zu sein. Kommuniziere nonverbal intensiv mit dem Vortragenden. Nicke, wenn du ihm zustimmst, lächle hin und wieder freundlich, mache dir Notizen und stelle die eine oder andere Frage. Solltest du im Small Talk vor Beginn der Veranstaltung geäußert haben, wie sehr du dich auf den Vortrag freust oder wie viel du bereits vom geschätzten Vortragenden gehört hast, dann wirst du seine volle Aufmerksamkeit genießen. Das ist stark vereinfacht und leicht überzogen dargestellt. Fest steht jedenfalls, dass der Redner, dir und ähnlich agierenden Personen mehr Zuwendung zeigen wird als jenen in derselben Gruppe, die uninteressiert wirken oder wenig in Erscheinung treten. Versetzen wir uns nun in die Rolle des Vortragenden, keine leichte Aufgabe, den Blickkontakt gleichmäßig zu verteilen.

Dass ein guter Blickkontakt bereits im Zweiergespräch eine Herausforderung ist, wissen wir aus dem Alltag. Mit manchen fällt er uns leichter, mit anderen ist es wesentlich fordernder, diesen zu halten und uns dabei sicher und wohl zu fühlen. Das hat unterschiedliche Gründe. Der Altersunterschied, hierarchische oder soziale Ebenen und das Verhältnis der Geschlechter zueinander sind nur einige Beispiele. Jemanden anzustarren ist ebenso deplatziert wie ein ständiges Ausweichen des Blickes oder ein Hindurchsehen. Damit ist gemeint, dass ich zwar physisch da bin, meinem Gegenüber auch in die Augen sehe, aber in Wahrheit mit meinen Gedanken ganz woanders bin.

Es geht demnach darum, dem Gesprächspartner die volle Aufmerksamkeit zu schenken.

Ab zwei oder drei Gesprächspartnern wird es bereits anspruchsvoll. Meist ist der Fokus stärker auf die eine als auf die andere Person gerichtet, wie die Praxis zeigt: Ein Ehepaar betritt mit dem zehnjährigen Sohn ein Autohaus. Der charmante Verkäufer nähert sich, grüßt höflich, steigt geschickt ins Gespräch ein und streut der Dame Rosen. Später nehmen die vier am Tisch Platz, um wichtige Details zu besprechen. Die beiden Männer unterhalten sich glänzend. Sie lassen ihrer Passion für flotte Autos freien Lauf. Nach zehn Minuten fühlen sich die Frau und der Sohn ziemlich im Abseits. Rein akustisch und inhaltlich verstehen sie jedes Wort. Der Blickkontakt spielt sich jedoch seit einer Weile ausschließlich zwischen den beiden Männern ab. Selbst wenn in jeder Gruppe eine Person engagierter am Gespräch teilnimmt, ist entscheidend, alle anderen – in diesem Fall Mutter und Sohn – durch Wertschätzung und Aufmerksamkeit respektvoll einzubinden. Neben den Gründen der Höflichkeit habe ich als Verkäufer mit Sicherheit bessere Karten, wenn später der Familienrat zusammentritt, um eine Entscheidung zu fällen. Je größer die Gruppe, desto schwieriger wird es, so sagt man. Stimmt nicht, behaupte ich!

Halte mit 2, 20, 200 oder 2000 Menschen möglichst ausgewogenen Blickkontakt:

Die zwei oder drei Personen hatten wir bereits. Hier ist es ein Akt der Höflichkeit und Wertschätzung, dass ich mich allen Gesprächspartnern zuwende.

In einer Präsentation vor 20 Teilnehmern, z. B. im geschäftlichen Rahmen, beginnt die Voraussetzung für einen ausgewogenen Blickkontakt bereits bei der Platzwahl. So du dir als Präsentator den besten Platz aussuchen kannst, nimm dir einen, von dem aus du alle gut sehen kannst! In Besprechungsräumen ist teilweise zu beobachten, dass der Vortragende, wie auch alle Teilnehmer, in die Projektionsrichtung des Beamers blicken. Schrecklich! Alle starren Richtung Wand, und niemand bemerkt uns als Gestalter. Guter Blickkontakt ist somit definitiv ausgeschlossen. Daher stelle (oder setze) dich an jene Seite des Tisches, an der sich die Projektionsfläche befindet. Damit hast du eine gute Ausgangsbasis, mit allen einen ausgewogenen Blickkontakt zu halten, ohne in den Lichtkegel des Beamers zu geraten. Die gegenseitige Aufmerksamkeit ist entscheidend, die Bilder an der Wand dienen bestenfalls der Unterstützung.

Bei 200 oder 2000 Personen ist entscheidend, den Blick bewusst durch den ganzen Saal zu schicken. Manche Vortragende kleben förmlich an den ersten paar Reihen und kommunizieren nonverbal intensiv mit dem Bürgermeister, dem Pfarrer und den Ehrengästen ganz vorne. So nach dem Motto, mit allen im Saal ist das sowieso unmöglich. Nebenbei wundern wir uns dann, wenn in den hinteren Reihen eine Unruhe entsteht, da sich die Leute nicht angesprochen fühlen. Es gibt dazu ein ganz einfaches Instrument, das ich gleich vorstellen werde.

Mein Praxistipp:

Schwenke deinen Blick über die ersten Reihen. Danach wandert er über eine Diagonale durch den Saal bis ganz nach hinten, gefolgt von einem Schwenk über die letzten Reihen; wie ein »Z«. Über die andere Diagonale geht es wieder nach vorne. Diese Blickabfolge wiederholen wir in zufälligen Abläufen, damit kein Muster erkennbar wird. In manchen Lehrbüchern ist auch von einem »M« oder »W« zu lesen. Alle erfüllen denselben Zweck. Sie geben uns jene Leitlinien, nach denen wir uns orientieren und somit alle im Saal oder im Stadion erreichen.

Nun weißt du, dass deine Familie und liebe Freunde in der zehnten Reihe Mitte sitzen. Klar finden sich unsere Blicke dort immer wieder. Auch wenn das besonders guttut, achte bitte darauf, dass du auch die anderen Teile des Saales gut erreichst.

Was machen wir mit jenen, die uns kritisch, ablehnend oder angriffslustig begegnen?

Aus dem Leben:

Im April 2019 stand ich mit einem hochrangigen Regierungsmitglied auf dem Podium. Das Thema des Abends war hochsensibel. Im Saal eines Volkshauses befanden sich hunderte Besucher, darunter Befürworter und Gegner eines Großprojektes. Mein Job war es, die rund dreistündige Versammlung zu leiten. Es wurde sehr kritisch gefragt, in der Sache hart debattiert und manchmal wurde es im Saal lauter als gewöhnlich. Unterm Strich schafften wir es gemeinsam, eine Kommunikationsform aufzubauen und zu halten, die funktionierte. Zu behaupten, mein Blickkontakt war es, der das ermöglicht hat, wäre vermessen. Sehr wohl setzte ich an diesem spannenden Abend besonders stark auf Blick, Körpersprache und Stimme. Mein Inhalt war zweitrangig, schließlich war ich nicht als Fachexperte geladen, sondern als der, der diese Veranstaltung zu leiten hatte.

Mein Praxistipp dazu:

Halte mit kritischen, ablehnenden und angriffslustigen Besuchern einen besonders starken und vor allem wertschätzenden Blickkontakt.

Hüten wir uns zudem davor, ständig zu den großen Fenstern, kunstvollen Wandgemälden oder Richtung

Kronleuchter im ehrwürdigen Festsaal zu blicken. Suchen wir immer den Kontakt mit dem Publikum, das ist für deine Gesamtwirkung sehr entscheidend. Auf diesem Gebiet besteht Luft nach oben, selbstverständlich auch bei mir. Wir achten zum Teil nicht bewusst darauf, und direkte Kritik ernten wir auch keine dafür. Ganz selten, dass ein guter Freund hinterher zu mir sagt: »Mich hast du nicht angesehen.« Wobei du ehrliches Feedback von einem guten Freund, deiner Partnerin oder von den eigenen Kindern noch am ehesten erwarten kannst.

In Seminaren kommt an dieser Stelle häufig der Einwand, dass wir bei Veranstaltungen im Scheinwerferlicht stehen, der Saal abgedunkelt ist und wir somit ab Reihe fünf mit Sicherheit niemanden erkennen können. »Aber alle sehen dich«, ist darauf meine Antwort. »So tun, als ob«, lautet das Motto. Für die Besucher entsteht der Eindruck, du blickst ihnen direkt in die Augen.

DER TON MACHT DIE MUSIK

Heute ist ein besonderer Tag. Bitte stelle dir den Großen Musikvereinssaal in Wien vor. Auf der Bühne ein weltberühmtes Orchester mit einem Stardirigenten. In den Rängen eine kleine Gruppe aus einem Rhetorikseminar, sonst niemand. Die spielen heute nur für uns.

Die Orchestermitglieder bekommen vom Dirigenten folgenden Auftrag: »Wenn wir nun das nächste Stück aufführen werden, so bitte ich euch, dieses Werk technisch präzise wie immer zu spielen, also fehlerfrei. Jedoch intonieren wir den gesamten Walzer, der rund zehn Minuten dauert, heute einheitlich in mittlerer Lautstärke (»mf« - mezzoforte). Wir verzichten auf das Variieren in der Dynamik. Ich gebe ein Einheitstempo vor, welches wir vom Anfang bis zum Schluss strikt einhalten werden. Den Vortrag legen wir bitte sehr einfach und schlicht an. Darf ich bitten? 1, 2, 3 ...« Und es ertönt ein Klassiker, den wir allen kennen: »An der schönen blauen Donau.«

Was würden wir hören? Keinen falschen Ton und fehlerfreie Musik in höchster Präzision. Trotzdem wäre der »Donauwalzer« dieses Mal kaum die Hälfte wert. Er lebt vom Ausdruck, dem Variieren von Tempo und Dynamik, von Emotion und Leidenschaft. Ebenso verhält es sich mit unserer Rede. Wie übertragen wir dieses erdachte Beispiel, das wir in der Realität niemals erleben werden, auf unsere Bühnen in Unternehmen, Vereinsheimen oder Veranstaltungshallen?

Aus dem Leben:

Seminarveranstaltungen erstrecken sich oft über mehrere Tage, andere täglich von 18 bis 22 Uhr. Am Abend sind die Teilnehmer besonders gefordert, da sie bereits einen langen Arbeitstag hinter sich haben und vielleicht schon seit 5 Uhr morgens auf den Beinen sind. Um alle gut durch die Veranstaltung zu bringen, liegt bei uns Vortragenden, Lehrern und Rednern eine große Verantwortung. Dass wir fachlich unseren Job verstehen, setzen wir als gegeben voraus.

Ich lasse alle, die ich begleiten darf, gerne hinter die Kulissen meiner Vortragstechniken blicken. Wenn ich auf dieses Thema näher eingehe, so zeichne ich drei Skalen ans Flipchart: Lautstärke, Tonlage und Tempo.

Danach frage ich einen Teilnehmer, wo er sich als Vortragender auf einer gedachten Lautstärkenskala (von null bis zehn) sieht. Viele schätzen sich bei drei bis vier, die Mehrheit auf circa fünf ein. Ganz wenige, die sagen, sie befinden sich auf acht. Danach zeichne ich eine Darstellung unserer Tonlage auf und frage denselben Teilnehmer, wo er sich hier einstuft. Auch dabei lautet die Antwort häufig: »In der Mitte«. Dazu ist festzuhalten, dass uns die Stimme grundsätzlich biologisch mitgegeben wurde. Stimmbildung ist zu empfehlen, ein künstliches Verstellen der Stimme ist nicht ratsam. Trotzdem lässt sich die Tonlage einfach steuern. Solltest du beispielsweise erkennen, dass deine Tonlage unnatürlich weit nach oben geht, je euphorischer du vorträgst, dann achte darauf, sie gut zu kontrollieren. Hoch, laut und vielleicht, aufgrund der Leidenschaft, sehr schnell, strengt auf Dauer an. Damit meine ich die Zuhörer.

Der dritte Regler ist das »Gaspedal« und die Anzeige ein Tachometer. Ob visuell als 50, 100, 130 km/h oder »langsam, mittel, schnell« dargestellt, fällt die Antwort bei rund 80 Prozent der Teilnehmer auf den mittleren Wert. Mir ist bewusst, dass der Mensch bei drei vorgegebenen Auswahlmöglichkeiten, eher zu jener in der Mitte tendiert.

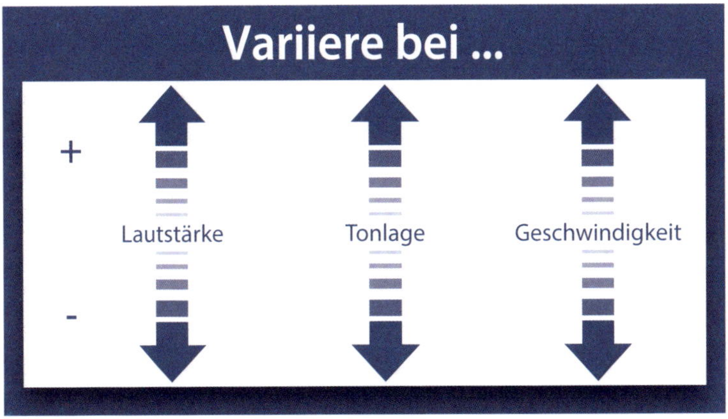

Abgesehen davon, sind wir wieder beim eingangs erwähnten Donauwalzer-Beispiel. Streng betrachtet, irren die vielen Teilnehmer in ihrer Selbsteinschätzung auch nicht. Viele Reden laufen nach dem Muster: Ein Mittelmaß bei Lautstärke, Tonlage und Geschwindigkeit sowie ein Höchstmaß an Inhalt. Vereinfacht ausgedrückt, fehlt es ab und zu nur an der Umsetzung.

Die eigene Einschätzung hängt von uns selbst ab. Die Lösung dazu lautet immer: Variieren – egal von welcher Stufe aus beginnend. Jene Vortragende, die mit ihrem Publikum »schreien«, sind gefordert, gewisse Passagen ganz bewusst um einige Stufen leiser zu sagen, ehe sie automatisch wieder zu ihrer ursprünglichen Grundeinstellung zurückkommen werden. Menschen mit einer tiefen Bass-Stimme, eher leise und in gemäßigtem Tempo, sind sehr gut anzuhören. Auch für sie ist wichtig, einzelne Abschnitte deutlich lauter und schneller zu sprechen, um das Publikum aufnahmefähig zu halten.

Die Redekunst hat viel mit Emotion und Persönlichkeit zu tun. Durch dein Äußeres und deinen Ausdruck wird deine Botschaft zum Empfänger transportiert. Du entscheidest darüber, was du sagst, und nur du entscheidest, wie du es sagst. Eine Weisheit unserer Vorfahren: »Der Ton macht die Musik«.

Mein Praxistipp zur einfachen Anwendung:

Markiere einige Stellen im Stichwortkonzept, z. B. mit laut/leise, schnell/langsam. Das erinnert dich an diese Technik. Später wird das automatisiert. Zeichne ebenso wichtige rhetorische Pausen ein.

Das Einfachste kommt im Finale: Die Pause

Vollkommen unterschätzt werden Bedeutung und Wirkung von rhetorischen Pausen. In einem Höllentempo fliegen viele durch ihren Auftritt, um diesen rasch hinter sich zu bringen. Dadurch werden auch kaum Pausen gesetzt, im Gegenteil: Jene Phasen, die unser Gehirn für den nächsten Gedanken braucht, überbrücken wir unbewusst mit »aah«, einem sogenannten Verlegenheitslaut. Das Schlimme an diesen Lauten ist, dass sie fast allen Anwesenden auffallen, nur einem nicht, dem Ausführenden selbst. Ab und zu ist ein solcher nicht schlimm, das passiert vielen Rednern, auch sehr guten.

Mein Praxistipp dazu:

Wenn sich die nächste Nachdenkpause förmlich ankündigt, da der Stoff dünner wird, dann konzentriere dich und setze statt des folgenden »aah« eine Pause. Mit ein bisschen Übung reduzierst du damit deine Verlegenheitslaute um 90 Prozent. Viele berichten mir Wochen und Monate nach einem Seminar, dass ihnen plötzlich jedes einzelne (selbst gesprochene) »aah« auffällt. Ich beruhige sie mit den Worten: »Gratuliere. Du bist auf einem guten Weg!«

Diese Sensibilisierung ist wichtig, um den Blick auf uns selbst zu schärfen. Häufig verwendete Lieblingsbegriffe, die teils ebenfalls zur Überbrückung von Pausen eingesetzt werden, fallen in diese Kategorie. »Eigentlich«, »und«, »ja«, sind dabei sehr beliebt. Selbstverständlich sollen Pausen deine angenehme Sprachmelodie nicht störend unterbrechen. Bewusst gesetzt, haben sie jedoch den Vorteil, dass sie die Wirkung der Botschaft verstärken und den Spannungsbogen deutlich erhöhen.

Wir laden die Zuhörer damit ein mitzudenken und geben ihnen Zeit, das Gesagte auch zu verarbeiten.

Simple Beispiele:

Du erklärst in einem Vortrag dem Publikum:
»Wir arbeiten mit Herz und (Pause) Verstand.«

Ich sage im Seminar zu den Teilnehmern:
»Eine gute Rede lebt von Sache und (Pause) Emotion.«

Wir wünschen unseren Gästen:
»Erfolg, Glück und vor allem (Pause) viel Freude bei der Umsetzung.«

Dass es sich in diesen Fällen (mitten im Text) um besonders kurze Pausen handelt, versteht sich. Trotzdem sind sie lange genug, um dem Empfänger die Möglichkeit und das kleine Erfolgserlebnis zu geben, einen Bruchteil vor dem Redner das folgende Wort erahnt zu haben. Somit ist er voll dabei. Lange Sprechpausen sind unmittelbar nach Satzzeichen oder dem Ende eines Hauptgedankens sehr gut eingesetzt. Sie lassen das Gesagte wirken und machen neugierig auf das, was kommt. Die Pause - unscheinbar und doch so wichtig!

»Was, so einfach geht freies Reden!« Über diese Erkenntnis als dein Feedback würde ich mich sehr freuen. Selbstverständlich wird es erforderlich sein, einzelne Kapitel mehrfach zu lesen oder FREIE REDE *DAS* Praxisbuch in den Alltag mitzunehmen. Bewusst habe ich dieses

Werk in eine Handvoll Hauptkapitel unterteilt, die im Anlassfall rasch zu finden sind, um sie auch portionsweise noch einmal durchzuarbeiten. Vielleicht denkst du dir vor dem nächsten Firmen-Meeting oder einer Geburtstagsfeier »Wie war das mit den Redegerüsten?«. Nimm dir genau dieses Kapitel zur Hand und verwende es als Anleitung für deinen Auftritt.

Zum Schluss wünsche ich dir, liebe Leserin, lieber Leser, dass dich dieses Praxisbuch dabei unterstützt, dir deine Stärken bewusst zu machen. Verbinde dein Talent und Können mit einfachen Instrumenten der Rhetorik und steigere dadurch deine Wirkung, Überzeugungskraft und Lockerheit bei Auftritten. Möglicherweise hast du dich auch in der einen oder anderen Geschichte gefunden und musstest schmunzeln, da du solche Situationen nur zu gut kennst. Als Trainer habe ich stets das Ziel, den Wunsch und die Hoffnung vor Augen, Leser und Seminarteilnehmer zu deren persönlichen Erfolgen zu begleiten. Es wäre mir zu wenig, mich selbst in den Mittelpunkt zu stellen, um zu zeigen, »wie toll ich es kann«. Wie du weißt, bin ich überzeugt davon, dass wir das freie Reden lernen können. Redeerfahrene Leser konnte ich mit diesem Praxisbuch hoffentlich dafür gewinnen, durch neue Techniken ihre Effizienz in der Vorbereitung zu steigern und gewonnene Erkenntnisse mit eigenen Stärken zu verbinden.

Alles Gute!

DANKSAGUNG

Dieses Buch habe ich euch, liebe Leserinnen und Leser, gewidmet. Ich danke für die Entscheidung, Zeit und Geld zu investieren. Mein herzlicher Dank gilt jenem engen Kreis, der während der Entstehung dieses Werkes einen Außenblick auf Inhalt, Schreibstil und Verständlichkeit gerichtet hat. Ihr habt mich durch eure Rückmeldungen sehr motiviert und zur Ausrichtung des Buches beigetragen. Ich danke Mag. Tina Tritscher (explosiv-kreativ.at) für die ausgezeichnete Projektbegleitung und ihr unermüdliches persönliches Engagement. Robert Deli (drugra.at) zeichnet fürs Layout verantwortlich. Er war stets unser Ruhepol und fleißiger Grafiker im Hintergrund. Mit Birgit Steinberger (photoinstyle.at) wird ein Fotoshooting zum Erlebnis. Herzlichen Dank dafür. Lektor Mag. Josef Dilena gilt meine große Wertschätzung und ein ganz besonderer Dank für seine Expertise sowie seine Arbeit mit viel Liebe zum Detail. Eine große Freude bereitet mir die Kooperation mit dem MORAWA-Verlag. Ich danke Frau Lisa Wapp für die laufende Betreuung. Sie hatte auf jede Frage rasch eine Antwort und zeigte viel Geduld. Ich bin begeistert von der gemeinsamen Umsetzung des Projektes. Einen großen Anteil an der Realisierung haben die zahlreichen Seminarabsolventinnen und -absolventen der letzten Jahre, die mir hartnäckig die Frage stellten: »Wann schreibst du endlich ein Rhetorikbuch?« Ich danke euch dafür.

Allen Kameradinnen und Kameraden aus den Reihen des Musikvereins Stainach (in meiner Heimatgemeinde Stainach-Pürgg, Steiermark) gilt mein großer Dank. Für mich steht fest, dass ich durch die Funktion des Obmannes (1993 bis 2008) intensiv mit dem Fach Rhetorik in Berührung gekommen bin, woraus mein heutiger Beruf entstanden ist. Aus diesem Grund nimmt der Verein auch eine zentrale Rolle in meinem ersten Buch ein. Ich danke allen Personen für ihr Einverständnis, in diesem Buch namentlich genannt zu werden. Schön, dass es als Ehre empfunden wird, Teil dieses Werkes zu sein.

Seite an Seite gehe ich mit meiner lieben Ehefrau Manuela privat und beruflich durchs Leben. Danke für deine Liebe, deinen Beistand und unseren großen gegenseitigen Respekt.

September 2020, Thomas Lösch